09/09

SPANISH *133*

DATE DUE

D0176395

HAY PODERES EN LAS HIERBAS

La naturaleza nos ha provisto de una verdadera despensa mágica con las plantas que cubren nuestro planeta. Desde tiempos inmemoriales las plantas han sido utilizadas en la magia, y su función de producir cambios mediante fuerzas naturales es muy poco comprendida.

En la antigüedad las plantas eran dioses, espíritus y magos que vivían dentro de robles y susurraban desde las flores. Nuestros ancestros descubrieron las fuerzas que estaban presentes en las plantas y las utilizaron para mejorar sus vidas.

Hoy día las hierbas y plantas que adornan las ciudades y campos, las plantas comestibles y decorativas de los jardines, incluso las plantas en el interior de los hogares, poseen increíbles poderes. El herbalismo mágico es el empleo de dichos poderes.

Aunque las propiedades medicinales de las plantas son bien conocidas, muchas de las drogas prescritas son versiones sintéticas de substancias derivadas originalmente de éstas, sus poderes ocultos son menos accesibles. Gran parte de la magia todavía permanece cubierta por la sombra del secreto.

Este libro intenta sacar a la luz las propiedades ocultas de las plantas. Aquí se analizan más de cuatrocientas hierbas y los procedimientos mágicos exactos y como emplearlas.

Lejos de concentrarnos en plantas esotéricas y difíciles de obtener, muchas de las mencionadas aquí son bien conocidas. Cebollas, almendras, manzanas, arroz, lechuga, así como el eneldo, la albahaca, el hinojo, el ajo y el perejil, son estudiadas junto a varios centenares más. Extensas tablas, referencias a nombres populares, un glosario, bibliografía y cientos de ilustraciones hacen este libro infinitamente práctico.

CARSON CITY LIBRARY

Sobre el autor

Las hierbas siempre jugaron un papel importante en la vida de Scott Cunningham, desde sus primeros experimentos relacionados con la fabricación de compuestos de incienso y saquitos mágicos hasta sus investigaciones sobre los aceites esenciales y la utilización de los mismos. Sus padres le animaron a que ejerciera la profesión de escritor y publicó varias novelas con anterioridad a la aparición de la primera obra no perteneciente al género de ficción, *Magical Herbalism* (1982).

Cunningham continuó escribiendo novelas de varios géneros, pero siempre retornó a su primer amor, la magia natural. Durante el tiempo en que vivió en California, realizó con frecuencia viajes para estudiar las innumerables plantas que existen en la naturaleza y los métodos que ayudan a estar en armonía con ella. Después de una larga enfermedad, Scott murió en marzo 28 de 1993.

Correspondencia a la editorial

Si desea más información sobre este libro u otras lecturas similares, favor envié su correspondencia a Llewellyn Worldwide. La casa editora agradece su interés y sus comentarios en la lectura de este libro y sus beneficios obtenidos. Favor escribir a:

Llewellyn Español
2143 Wooddale Drive, Dpto. 978-1-56718-883-7
Woodbury, MN 55125

Incluya un sobre estampillado con su dirección y $US1.00 para cubrir costos de correo. Fuera de los Estados Unidos incluya el cupón de correo internacional.

ENCICLOPEDIA
de las
HIERBAS MÁGICAS

Scott Cunningham
traducción al Español:
Edgar Rojas y Rubiel Leyva

Llewellyn Español
Woodbury, Minnesota
U.S.A.

Enciclopedia de las hierbas mágicas © 1999 por Scott Cunningham. Todos los derechos reservados. Ninguna parte de este libro puede ser reproducido, incluso en el Internet, sin permiso escrito de Publicaciones Llewellyn, excepto en el caso de citas breves en artículos importantes y en la crítica de libros.

PRIMERA EDICIÓN
Séptima Impresión, 2008

Edición y coordinación general: Edgar Rojas
Título original: *Cunningham's Encyclopedia of Magical Herbs*
Diseño de la portada: Michael D. Matheny
Traduccion: Edgar Rojas y Rubiel Leyva
Diseño interior: Pam Keesey

Biblioteca del Congreso. Información sobre esta publicación.
Library of Congress Cataloging-in-Publication Data.
Cunningham, Scott, 1956–1993
    [Cunningham's encyclopedia of magical herbs.   Spanish]
    Enciclopedia de las hierbas mágicas / Scott Cunningham ;
tradución al español, Edgar Rojas y Rubiel Leyva. —1st ed.
        p.   cm.
    Includes bibliographical references (p.   ) and index.
    ISBN 13: 978-1-56718-883-7
    ISBN 10: 1-56718-883-4
    1. Magic.   2. Plants.   I. Title
BF1623.P5C8618   1999
133'.258163—dc21

99-19946
CIP

La editorial Llewellyn no participa, endosa o tiene alguna responsabilidad o autoridad concerniente a los negocios y transacciones entre los autores y el público. Las cartas enviadas al autor serán remitidas a su destinatario, pero la editorial no dará a conocer su dirección o número de teléfono, a menos que el autor lo especifique.

La información relacionada al Internet es vigente en el momento de ésta publicación. La casa editorial no garantiza que dicha información permanezca válida en el futuro. Por favor diríjase a la página de Internet de Llewellyn para establecer enlaces con páginas de autores y otras fuentes de información.

Llewellyn Español
Una división de Llewellyn Worldwide, Ltd.
2143 Wooddale Drive, Dpto. 978-1-56718-883-7
Woodbury, MN 55125, U.S.A.
www.llewellynespanol.com

DEDICATORIA

para mamá y papá

AGRADECIMIENTOS

Mi agradecimiento a todos quienes aportaron información u ofrecieron su valiosa crítica: a Don Kraig, por sus sugerencias sobre el primer borrador de esta obra; a Ron Garst por pasar algunas noches hablando de aceites e inciensos; a Ed y Marilee Snowden por permitirme de nuevo utilizar su biblioteca; a la Srta. Snowden por las correcciones de la obra en Inglés; a Daniel Wime, por compartir sus secretos sobre hierbas y autorizar que algunos de ellos se publicaran en este libro, y a todos mis amigos que me apoyaron y me animaron durante la realización de esta obra.

OTRAS OBRAS DEL AUTOR

La casa mágica
Incienso, aceites e infusiones
Enciclopedia de cristales, gemas y metales mágicos

CONTENIDO

PREFACIO

El presente libro no es una guía para la magia con hierbas, pues tan solo se da una información mínima al respecto. ¿Desea atraer a un amante? Lleve una bolsa con pétalos de rosa o una raíz de lirio florentino. ¿Le causa dolor su dentadura? Mastíque una ramita de saúco e introdúcela en la pared. Este es el tipo de magia que abunda en estas páginas: rápida, nada complicada y sin rituales. También encontrará los encantamientos para cualquier propósito en la primera sección del libro.

Aunque gran parte de la magia comprendida en este libro trata de los problemas cotidianos, también se incluyen temas más complejos: invisibilidad, materialización de los espíritus, alcanzar la inmortalidad, etc. Dicha información se expone por ser tradicional, interesante y romántica, no necesariamente por sus aplicaciones prácticas. De modo similar, se incluyen recomendaciones para evitar el mordisco de la serpiente de mar o provocar la aparición de hadas, porque dicha información aviva la imaginación, algo necesario para que la magia sea efectiva.

Este libro no trata de hechizos imposibles; por el contrario, es una colección práctica de hierbas que cualquiera puede utilizar.

Quienes buscan la magia destructiva en el interior de estas páginas quedarán decepcionados, pues dicha magia conduce a la destrucción de quien la utiliza.

Una obra de este tipo no puede acabarse nunca; existen muchos secretos que esperan ser descubiertos. Es responsabilidad del autor decidir cuándo interrumpir la creación del libro y lanzarlo al mercado. Yo decido hacerlo ahora, con la esperanza de que estimulará a otros a descubrir y utilizar los secretos de la magia con las hierbas.

ADVERTENCIA:

Algunas plantas son de caracter peligroso. Estas plantas son marcadas con la palabra VENENOSO al lado de cada sustancia riesgosa. Estas hierbas (Beleño, Eléboro, Tejo, etc.) pueden ser venenosas o fatales si se comen, beben, entran en contacto con heridas en la piel, o son inhaladas cuando se queman como incienso.

Estas advertencias deben ser tenidas en cuenta al utilizar cada planta.

La venta y uso de estas hierbas son restringidas por la ley, incluso la sola posesión de muchas de ellas puede ser perjudicial.

Otra importante precaución: no deben consumirse aceites, inciensos, baños de sal, jabones, tinturas, perfumes o polvos.

Mantenga este tipo de hierbas fuera del alcance de los niños. En caso de sobredosis, acuda al hospital más cercano. Muchas plantas y esencias aceitosas son venenosas.

Las plantas son drogas. Verifique cada planta que aplica en su cuerpo con el libro de datos referente a hierbas.

La información contenida en este libro tiene propósito informativos únicamente y no tiene por objeto ser usado como consejo o dictamen médico, jurídico o psicológico. Para ayuda en estas materias consulte a un doctor, un abogado o un psiquiatra.

PARTE UNO

LOS FUNDAMENTOS

uno

LOS PODERES DE LAS HIERBAS

Cuando la gente descubre que soy especialista en la magia de las hierbas, siempre me hacen esta pregunta, ¿cómo funciona? La otra, normalmente, se refiere a mi estado de salud. No obstante, la primera pregunta es apropiada aunque nunca se haya explicado de forma satisfactoria.

La base de la magia con hierbas, y de toda la magia, es la fuerza. Esta fuerza ha tenido muchos nombres y formas a través de los siglos; a veces se mantuvo en secreto su existencia; otras, era de dominio popular.

La fuerza generó el universo y lo mantiene en su constante evolución. La fuerza hace germinar las semillas, levanta los vientos y hace girar nuestro planeta. Es la energía responsable del nacimiento, de la vida y de la muerte. Todo en el universo es creado por ella, contiene un poco de ella, y tiene una relación directa con ella.

En otras palabras, la fuerza es la fuerza de la vida, la materia de la creación. Es la propia substancia de la existencia misma.

Esta fuerza no tiene nombre. Ha sido venerada y se le ha dado un carácter antropomórfico en miles de dioses, espíritus, demonios y otros seres no terrenales. La ciencia parcialmente inexplicada aún continúa "descubriendo" algunos de sus aspectos. La fuerza ha tenido un importante papel en la evolución de la humanidad, para bien o para mal. Todas las religiones se han servido de ella empleando símbolos y ritos diferentes, y todos los magos han ejercido sus poderes.

La fuerza existe por encima de los ritos, la religión y la magia, sin cambio en su eterno cambio. Llámela como quiera, imagínela como pueda, la fuerza es la fuerza.

La magia consiste en producir cambios mediante el uso de fuerzas
que todavía no han sido definidas ni aceptadas por la ciencia.

¿Cómo se protege la gente del robo? ¿Cómo puede alguien atraer el amor a su vida? ¿De qué manera, además de visitar al médico y comprar medicinas, puede la gente combatir las enfermedades?

Casi nadie podría responder a estas preguntas, excepto con métodos físicos; un candado, un nuevo perfume y el descanso podrían ser las soluciones sugeridas. Estos son buenos principios, pero han de estar apoyados por métodos más seguros, pueden respaldarse con la magia.

La magia puede emplearse para resolver estos y otros problemas, pero es indispensable cuando se trata de temas ocultos. ¿Necesita echar una ojeada al futuro? Haga un té con capullos de rosa y bébase inmediatamente antes de irse a dormir, y recuerde sus sueños. O lleve una lechuga silvestre envuelta en un paño amarillo. ¿Cree ser objeto de algún embrujo o maldición? Los médicos le remitirán al psiquiatra más próximo; los brujos y los magos le dirán que esparza pimienta roja alrededor de su propiedad y después se bañe en flores de mimosa. La magia posee muchas de las respuestas, pero no todas.

La magia, por simple que parezca, da soluciones prácticas a los problemas.

La fuerza que se esconde tras la magia de las hierbas no tiene forma, es indefinida y eterna. Es lo mismo invocar en nombre de una diosa pagana o de la Virgen María, o si la usa fuera de cualquier marco religioso. Ella siempre está allí, presente y en abundancia, sin importar dónde estamos o a dónde viajamos por el universo.

Aún sin forma, la fuerza adopta muchas formas: un antílope tiene la fuerza, y también la tiene una computadora o un diente de león. Algunos materiales contienen concentraciones más elevadas de fuerza que otros; por ejemplo, las plantas, las gemas y los metales. Cada substancia contiene diferentes tipos de fuerza, o frecuencia vibratoria. Las vibraciones de un trozo de madera de pino son diferentes a las de un diamante tallado.

Esta frecuencia vibratoria está determinada por varios factores: composición química, forma, densidad, etc. Los poderes en las hierbas están determinados por el hábitat de la planta, su fragancia, color, forma y otras consideraciones. Las substancias similares normalmente poseen vibraciones similares.

Para que tengan el máximo efecto, las hierbas elegidas para un hechizo deben poseer vibraciones que concuerden con su necesidad. El cedro es bueno para atraer el dinero, pero no sería útil en un hechizo para la fertilidad.

La practica de la magia de las hierbas requiere el conocimiento de los poderes de las plantas. Este libro contiene dicha información.

La magia de las hierbas es fácil porque *los poderes y/o las vibraciones yacen en las hierbas mismas.* No es preciso la intervención de alguna fuerza externa, ya que la fuerza reside en el interior de la materia orgánica. Todo lo que hace falta son unos cuantos procedimientos sencillos: "ritos" tales como hacer nudos, hervir agua, encender velas, coser, o enterrar objetos.

¿Cómo funciona la magia? En primer lugar, tiene que haber una razón para recurrir a los poderes mágicos. La razón se llama necesidad. A veces, un deseo puede enmascararse como si fuera una necesidad, pero en magia un"deseo" no es suficiente; debe existir una necesidad absoluta.

La naturaleza de esa necesidad determina qué planta debe usarse. Atraer el amor, por ejemplo, es una necesidad mágica común y hay varias docenas de plantas que realizan dicha labor. En la Parte Tres de este libro, se encuentra una lista completa de plantas y sus correspondientes requisitos mágicos.

Un hechizo o ritual podría ser diseñado; gran parte de la magia con hierbas no precisa un hechizo completo, pero en algunos casos sí. El hechizo puede ser tan sencillo como envolver las hierbas en un trozo de tela, o colocarlas alrededor de la base de una vela, encender la vela y visualizar lo que necesite. Si lo desea, el encantamiento puede ser complicado, consistiendo en hervir agua en un caldero colocado sobre un fuego con leña de mezquita, en las laderas de un desierto, esperando que salga la luna antes de arrojar las raíces y hojas dentro del recipiente. Encantamientos de este tipo se incluyen en el capítulo tres.

El encantamiento se lleva a cabo con seguridad y secretos absolutos. Cuando el hechizo se haya realizado, debe olvidarse. Esto le permite "prepararse" y hacer que su necesidad se manifieste. (Cuando se cuece al horno un pastel, si se abre el horno para mirarlo a cada instante, el pastel se estropeará. ¡En magia, lo mismo que en la cocina, mantenga el horno cerrado!) Intente olvidar el hechizo por completo.

Así funciona la magia de las hierbas. ¿Le parece elemental? Pues lo es. Estos son los primeros pasos. Como en cualquier otro arte, el estudiante puede llevar la magia más lejos, explorando extraños rincones. Es lógico que pocos deseen aventurarse a alejarse demasiado de esta magia familiar y casera. Existen métodos oscuros en la magia de hierbas, al igual que en todos los aspectos de la vida. Aquellos que deseen seguir estos caminos, causar daños y controlar o matar a otros seres humanos, sufrirán un grave castigo por su actuación negativa.

La fuerza es neutral. No puede ser dividida en energías positivas y negativas. La fuerza es la fuerza.

Es responsabilidad nuestra como magos (operadores de las fuerzas) trabajar con ellas para fines benéficos. No necesitamos convertirnos en santos para ayudar a los demás, o para mejorar nuestras vidas. Todo lo que necesitamos es utilizar las hierbas de forma bondadosa.

La aplicación de la fuerza produce una sensación maravillosa y una mayor responsabilidad. La divinidad, usada con fines negativos, se disipa rápidamente. Sin embargo, cuando la magia se usa con fines positivos enriquece y aporta más felicidad a nuestras vidas. Cuando uno se adentra en la oscura senda de lo negativo, el sufrimiento que causa a otras personas revierte en la vida del mago hasta que, por último, queda destruido por completo.

¿Suenan dramáticas estas palabras? Tal vez, pero son ciertas. Por esta razón, este libro no incluye ningún trabajo mágico negativo. ¡Pero damos la bienvenida a aquellos que desean ayudarse a sí mismos y a los demás sirviéndose de los antiguos métodos de la magia con hierbas!

dos

FORMAS MÁGICAS

Aunque aquí no hay espacio para una explicación completa de los métodos y teorías de la magia, los siguientes capítulos tratan de los puntos más importantes.

SINCRONISMO

Los antiguos crearon los sistemas mágicos con diversos grados de complejidad. Un área que destacaron fue el arte de sincronizar los rituales de acuerdo con los fenómenos astronómicos. Algunos de estos sistemas estaban controlados de forma rígida por las fases de la luna; otros tenían en cuenta las estaciones, las estrellas y su posición en el firmamento.

Varios de estos sistemas todavía se utilizan hoy con buenos resultados. Pero cualquier sistema puede aniquilar la espontaneidad e impedir que la magia rinda su efecto, incluso su misma realización. El momento es en verdad importante, pero sólo deberá haber una regla inviolable: la magia se emplea cuando es necesaria.

Si tengo un dolor de cabeza que me perturba el sueño o me impide trabajar, no puedo esperar a que la luna entre en el signo adecuado o a que salga la Osa Mayor; necesito alivio inmediato.

Esto es un ejemplo trivial, pero se hace verdadero en toda la magia. No sirve de nada esperar tres semanas a realizar un hechizo para obtener dinero si las facturas deben pagarse al final de la semana. No discuto que el sincronismo con los planetas, las estrellas, las estaciones, las fases de la luna, etc. no proporcionen fuerza extra a los encantamientos; simplemente disiento de la necesidad de esta fuerza extra. Si la magia funciona, lo hará a cualquier hora del día o de la noche.

Aveces los magos se quejan: "no pueden hacerse encantamientos de amor cuando la luna se encuentra en cuarto menguante". "Los encantamientos de dinero no funcionan a menos que se realicen en un jueves de primavera mientras la Luna se encuentra en Tauro, en la tercera o décima hora de la noche".

Tales afirmaciones son comunes en personas que ejercen poco o nada la magia práctica. Los encantamientos no precisan de las condiciones astronómicas, estacionales o atmosféricas para tener éxito.

Quienes deseen seguir los viejos métodos de magia sincrónica con el Sol, la Luna y las estrellas pueden hallar esa información en cualquier libro de magia que sea bueno, pero no es en modo alguno necesario.

Si necesita valor antes de afrontar una entrevista para obtener empleo, no tenga en cuenta la fase de la Luna, ¡tome un poco de tomillo y siga adelante!

Aunque en este libro se mencionan algunos ejemplos de magia sincrónica, sobre todo en lo referente a la recolección de plantas, éstos pueden seguirse o no, como usted guste, pero los resultados serán casi idénticos.

UTENSILIOS

La magia de hierbas requiere pocos utensilios comparada con otros tipos de magia. Para machacar las hierbas y las semillas necesita un juego de mortero y un cuenco de madera o de cerámica para encantar las hierbas. Utilice un vaso o recipiente grande esmaltado (evítense los metales) exclusivamente para elaborar infusiones o "pócimas". Herramientas básicas de costura (agujas, alfileres, tijeras, hilo de algodón, dedales) vendrán muy bien al hacer bolsitas o muñequitos, y será preciso una buena provisión de trapos de algodón o lana e hilos de distintos colores.

Las velas y las hierbas, desde luego, son indispensables, lo mismo que el incensario (quemador de incienso), palmatorias, trozos de carbón y recipientes donde almacenar sus hierbas.

EL ALTAR

También llamado la mesa de encantamientos o mesa de trabajo, pero a mí me gusta el sonido de la palabra "altar", que es mucho menos intrincada, a pesar que da una asociación religiosa a la magia, que puede no siempre merecerse. En este libro, emplearemos la palabra "altar".

Una gran parte de la magia no precisa la presencia de un altar, pero sí algunos ritos. Cuando se realiza en casa, el altar es el lugar donde se hacen los encantamientos. También puede utilizarse como mesa de trabajo donde se encantan las hierbas, confeccionan saquitos, y donde, en general, se realiza todo el trabajo mágico.

Un altar puede ser cualquier superficie plana sobre la que se puedan colocar velas, un incensario, hierbas y cualquier otro material necesario para el encantamiento. Puede ser la parte superior de una mesa, o en un rincón en el suelo. Cualquier sitio que usted considere con espacio suficiente.

Algunas personas que desean manifestar sus creencias religiosas colocan sobre el altar símbolos de su fe. Son comunes las imágenes y los libros sagrados, pero cualquier objeto con el que usted se sienta cómodo puede colocarse sobre el altar, tales como amuletos de la suerte, fósiles, rocas, conchas, etc. Los objetos naturales pueden fortalecer aún más su magia.

No insistiré más sobre la conveniencia de practicar magia al aire libre, siempre que sea posible. La magia de interior funciona, pero la mayoría de nosotros tenemos que substituir el cuarto de estar o el dormitorio por un claro en el bosque o por una playa desierta. La magia debe ser práctica.

Al aire libre, los altares no siempre son necesarios; cuando lo son, normalmente consisten en una porción de terreno despejado, una roca plana o el tronco de un árbol, pero, en esto, el mago puede servirse de su genio. El altar es sólo un lugar para hacer magia y el único límite es su imaginación.

VISUALIZACIÓN

La técnica de magia más "avanzada" que precisa la magia de hierbas es la *visualización*; es decir, formar en su mente la imagen de lo que necesita.

Se han escrito muchos libros para ayudar el entendimiento del tema, debido a la dificultad de los interesados para visualizar con claridad. Normalmente, la habilidad se halla presente, aunque entorpecida por las inhibiciones.

¿Puede ver en este momento, mientras lee este libro, el rostro de su madre? ¿El de su amigo más íntimo, o el de su peor enemigo?

Eso es visualización. En magia, la visualización se utiliza para dirigir la energía formando una imagen de aquello que necesita: un auto, un amante, un empleo, etc. Si precisa algún objeto, imagínese en posesión de él; si se trata de un empleo, imagínese trabajando; y si es amor lo que necesita, visualice un anillo deslizándose por su dedo, o cualquier otro símbolo que usted asocie con el amor.

Aquello que sea necesario debe visualizarse como si ya lo hubiera conseguido, o como si ya lo hubiese logrado. Utilice su creatividad y su visualización natural para ver realmente aquello que necesita. No piense en las razones imposibles; sólo véalo de manera tangible.

Como en todas las cosas, desde jugar al futbol hasta aprender un arte, la práctica hace maestros. Incluso en el caso que no fuera capaz de visualizar por completo su necesidad, la magia funcionará mientras exista la intención.

OTRAS CONSIDERACIONES

Cuando sea posible, báñese antes de hacer magia. Una bolsita de hierbas purificadoras vertidas en el agua puede ser, también, una gran ayuda.

Vístase con ropas limpias y cómodas o no se ponga nada en absoluto, como le plazca. Algunos practicantes visten túnicas y se adornan con joyas, pero no es necesario.

Tampoco es necesario abstenerse del sexo, de alimentos o de líquidos antes de la magia. Hágalo si lo desea, pero no es un requisito.

La mayoría de la magia que hay en este libro es práctica y se ocupa de problemas de la vida diaria. No obstante, en los hechizos importantes, sobre todo en aquellos que tienen que ver con otros seres humanos, realice una adivinación, para asegurarse que el hechizo es necesario, antes de utilizar la magia.

Como norma general, no haga hechizos para los demás, a menos que haya obtenido su permiso. Una manera de evitar tales problemas es confeccionar saquitos y cosas similares para ellos y dárselos como regalos. (Instrucciones en el capítulo tres). Explique sus usos y poderes y la otra persona afectada podrá elegir entre llevar o no tales vibraciones a su vida, de acuerdo con sus deseos.

Sobre todo, diviértase con la magia de hierbas. Aunque sea serio cuando las encante y las visualice, no considere todos los aspectos de la magia de hierbas de un modo solemne. Debe ser agradable.

PRINCIPIOS MÁGICOS

1. La magia es natural.
2. No haga daño a nadie —ni siquiera a usted mismo— con su uso.
3. La magia requiere esfuerzo. Recibirá lo que ponga en ella.
4. La magia, normalmente, no es instantánea. Los hechizos precisan tiempo para ser eficaces.
5. No debería hacerse magia por dinero.
6. La magia nunca debe usarse en broma o para satisfacer su ego.
7. Puede hacer magia en su propio beneficio, pero sólo si esto no perjudica a nadie.
8. La magia es un acto divino.
9. La magia puede emplearse para defenderse, pero jamás para atacar.
10. La magia es saber, pero no solo sobre su forma y sus leyes, sino también sobre su eficacia.
11. La magia es amor. Toda magia debe hacerse por amor. En el momento en que la ira o el odio tiñan su magia, habrá cruzado la frontera que le adentra en un mundo peligroso, que, finalmente, acabará con usted.

tres

HECHIZOS Y PROCEDIMIENTOS

ENCANTAMIENTO DE LAS HIERBAS

Las hierbas pueden encantarse antes de ser utilizadas en la magia. El encantamiento (en un contexto mágico) ajusta las vibraciones de las plantas con relación a su necesidad mágica. Este proceso aumenta la eficacia de las hierbas.

El encantamiento puede llevarse a cabo con una sola hierba o bien con una mezcla, pero no debe hacerse hasta unos momentos antes que las hierbas vaya a ser utilizada. Luego todas se mezclarán.

Un encantamiento preliminar puede realizarse si la hierba ha sido recogida de un jardín o en el campo. Mientras se corta la hierba para un hechizo específico debe resaltarse la necesidad, como también el papel que va a tener la planta al satisfacer tal necesidad, por ejemplo:

> *Yo te recojo, romero, hierba del sol, para aumentar mis facultades mentales y la concentración.*

Esto da inicio al proceso de encantamiento, aunque sólo sea preliminar. Sólo se necesitan unas pocas herramientas: un cuenco de madera o cerámica, dos palmatorias y una provisión de velas de colores.

Coloque el cuenco en el centro del altar, las palmatorias con las velas del color adecuado a cada lado (véase Apéndice I para los colores y sus usos mágicos). Las hierbas que se van a encantar deben colocarse alrededor del cuenco, dentro de sus recipientes.

Encienda las velas y sosiegue la mente, descuelgue el teléfono y cierre la puerta con llave. Si lo desea, elimine la luz artificial de la habitación. Encante las hierbas (y realice toda magia) sólo cuando esté a solas y libre de interrupciones.

PREPARACIÓN

Vierta la cantidad necesaria de hierbas secas dentro del cuenco. Siéntese o permanezca de pie en silencio y mire las hierbas con atención. Sienta las vibraciones que aguardan dentro de las hojas, las flores y los tallos; véalas emerger de la planta o en estado expectante. Las personas que poseen facultades psíquicas pueden ver las vibraciones que emanan de las plantas en varias formas, tales como nítidas líneas irregulares, lentos espirales o cometas resplandecientes. Inclínese sobre el cuenco y coloque su mano de poder dentro de él, tocando las hierbas, (véase Glosario). Manténgala inmóvil durante unos cuantos segundos y visualice con fuerza su necesidad.

ENCANTAMIENTO

Pase sus dedos por las hierbas mientras visualiza con fuerza lo que necesita y envíelo hacia la hierba. Sienta que las puntas de sus dedos cargan de energía las hierbas. Si le resulta difícil mantener la imagen en su mente, recite unas palabras sencillas que se adapten a su necesidad, como por ejemplo:

Milenrama, milenrama, haz que crezca el amor.

Recite esto sin parar y en voz baja. A medida que pasa sus dedos por las hierbas, sienta que éstos infunden a la planta su necesidad.

Cuando sienta que la planta vibra por la energía (o cuando perciba que la operación de encantamiento se ha completado) retire la mano. La planta ha quedado encantada.

Si hay que utilizar otras plantas en la mezcla, añada cada una de ellas a la vez, volviendo a encantar la mezcla con cada adición.

Si desea encantar hierbas que vayan a ser empleadas por separado, retire las hierbas encantadas del cuenco y límpielo con una toalla seca. Vuelva a colocar las velas con los colores adecuados a las nuevas hierbas y repita el procedimiento.

Cuando haga incienso, infusiones, bolsitas, muñequitos y cosas similares, desmenuce o espolvoree las hierbas (si es necesario) antes de encantarlas.

Si van a encantarse raíces o ramas, sosténgalas en su mano de poder, visualizando y/o recitando, o déjela en la parte superior del cuenco, entre las velas. En la antigüedad "encantar" significaba cantar o recitar. Una vez que haya recitado su canto a las hierbas, estarán listas para ser utilizadas.

Desde luego el encantamiento no es absolutamente necesario, pero es un método para obtener mejores resultados. El buen herbalista nunca omite los encantamientos.

PROCEDIMIENTOS MÁGICOS

Esta sección describe los métodos de trabajo con hierbas que se mencionan en la Parte II de este libro. Si el texto le aconseja "llevar romero", por ejemplo, deberá hacerse en una bolsita. Estos procedimientos no son necesarios en todos los casos.

BOLSITAS

Las hierbas que van a llevarse o van a ser colocadas en la casa (sobre las puertas, las ventanas, etc.) deben introducirse en bolsitas. Una bolsita es una bolsa pequeña o un trozo de tela que contiene las hierbas en su interior. En magia vudú se llama, con frecuencia, "bolsa encantada" o "bolsa de raíces". Son muy fáciles de fabricar.

Tome un trozo pequeño de tejido (de forma cuadrada, redonda o triangular) del color adecuado. El fieltro se trabaja bien y es relativamente barato.

Coloque las hierbas encantadas (normalmente no más de una cucharada sopera o similar) en el centro del tejido. Una los extremos y átelos con un trozo de cordón o de hilo del color adecuado. Visualice aquello que necesita mientras ata el cordón fuertemente (hágalo durante todo el proceso). Haga dos nudos más y la bolsita estará terminada. Cuanto más pequeñas sean las bolsitas, más fáciles serán de llevar en el bolsillo. Las bolsitas para el hogar pueden hacerse de mayor tamaño.

MUÑEQUITOS

También se los conoce como "muñecos vudú", aunque se han venido utilizando en magia desde hace unos 4.000 años, y sólo recientemente se los ha asociado con el vudú. Los muñecos se han fabricado de raíces, patatas, plomo, corcho, papel y otros materiales, pero en la magia de hierbas los muñequitos se hacen de tela y de hierbas. El muñequito está hecho para representar a la persona a quien se va a ayudar por medio de la magia.

Los muñequitos se fabrican la mayoría de las veces para acelerar la curación, y también para tener dinero, amor y todas las demás necesidades mágicas.

Los muñequitos son fáciles de hacer: dibuje la silueta de una figura humana (de unos veinte centímetros de longitud). Traslade dicha silueta a un trozo de tela doblada de color apropiado. Córtela y saque dos trozos de tela idénticos. Unalos con alfileres y comience a coserlos por los bordes. Cuando haya cosido tres cuartas partes del muñeco, rellénelo con las hierbas encantadas convenientes. Por ejemplo, si necesito ayuda para curar un catarro, rellenaré el muñeco con hojas de eucalipto trituradas.

Una vez terminado el muñeco, sosténgalo en su mano de poder y visualice aquello que necesita. Exprese con palabras sencillas que ha diseñado el muñeco para beneficiar su salud, para obtener dinero, etc.

Las hierbas que hay en el interior del muñeco comenzarán a actuar al manifestar su necesidad. Por ejemplo, el muñeco relleno de hierbas curativas le representa a usted "lleno" de salud.

Coloque el muñequito sobre el altar. Encienda las velas de los colores adecuados y mírelo fijamente, mientras visualiza su necesidad. Guárdelo en un lugar seguro cuando no lo utilice.

Después que haya realizado su cometido, deshágalo y entierre las hierbas y la tela.

INFUSIÓN

La infusión es el origen de la "pócima", tan identificada con las brujas. Consiste en un proceso de remojar hierbas en agua caliente.

Sin embargo hay ciertas recomendaciones. No utilice recipientes de metal cuando hierba agua ni durante el proceso de remojo, ya que estorba los poderes de las hierbas. Mantenga el líquido tapado durante la infusión para que no pierda vapor. Por último, encante todas las hierbas antes de la infusión.

Caliente agua hasta que empiece a hervir. Agregue una cucharilla de café de hierba seca por cada taza de agua y tape el recipiente por 9 ó 13 minutos, luego cuele el agua y déjela enfriar antes de usar.

Las infusiones se beben como el té, pero también se añaden al baño, se frotan en los muebles y pisos, y se untan en el cuerpo. No sobra advertir, que nunca deben hacerse infusiones de plantas venenosas.

BAÑOS

Los baños también se utilizan en la magia de hierbas, por ser una manera fácil de extender el poder de una hierba por todo el cuerpo.

Hay dos métodos: uno es hacer un saquito de estopilla e introducirlo en el agua caliente del baño (usar de medida una taza de la hierba encantada adecuada).

Otro método consiste en preparar una infusión (véase arriba) y añadir el líquido filtrado en la bañera.

A veces, también se añaden al baño aceites volátiles. Solo unas cuantas gotas bastarán para la mayoría de los aceites; si se vierte demasiado puede irritar la piel. (Ver Apéndice II para aceites y sus poderes mágicos).

UNGÜENTOS

El ungüento, antigua forma de la magia de hierbas y también de la medicina, es cualquier substancia grasienta a la que se han añadido hierbas magnetizadas y/o aceites. Puede verse un buen ejemplo de esto en el párrafo que lleva por título Malva. En la antigüedad, normalmente se usaba manteca de cerdo como base, pero en la actualidad suele substituirse por grasa vegetal; ciertamente huele mejor.

A una taza de grasa vegetal o de manteca, se le añaden tres cucharadas soperas de hierba(s) encantada(s) y magnetizada(s). Machacarlas juntas mientras se visualiza, hasta que estén bien mezcladas; después, se guardan en un recipiente hermético.

Un método alternativo consiste en derretir la base a fuego lento. Se añaden las hierbas y se dejan en remojo durante unos nueve minutos o hasta que la hierba esté "frita". Cuele y deje enfriar el ungüento antes de usarlo.

Hay un tercer método más sencillo aún: derretir la manteca o la grasa vegetal, añadir unas gotas de los aceites apropiados, y luego se deja enfriar.

Utilizar el ungüento es fácil. simplemente apliquese al cuerpo en los puntos donde puede tomarse el pulso (muñecas, cuello, etc.). Dichos ungüentos se almacenan mejor en recipientes herméticos y en lugares frescos.

ACEITES

Aunque extraer aceites por destilación y otros métodos es casi prohibitivamente caro, nos ahorraremos su costo por la amplia disponibilidad de aceites volátiles y sintéticos que hoy tenemos en el mercado. Muchos de los llamados "aceites volátiles" son realmente sintéticos; esto no impide su utilización en magia. Si huelen bien, úselos.

Aunque los aceites no se tratan en este libro, puede encontrarse una lista de ellos y sus usos en el Apéndice II.

Los aceites volátiles se emplean de infinitas formas: aplicados sobre el cuerpo, untando velas, humedeciendo ligeramente saquitos y muñecos, vertiéndose en el baño, quemándolos con trocitos de carbón y untando raíces.

INCIENSO

La composición y uso del incienso son en sí mismos una forma de arte. Básicamente, un incienso es cualquier combinación de plantas, tal vez combinados con aceites volátiles y una base, que se mezclan y se queman o se hacen arder lentamente sobre carbón. (Este tipo de incienso se conoce como "en rama" o "granular". Normalmente, se emplea en magia más que el de varilla o de forma cónica).

En el uso mágico, el incienso se quema solo por sus vibraciones como una especie de hechizo. Pero también puede emplearse como elemento de fondo mientras se realizan otros tipos de magia.

Al componer sus propias fórmulas de incienso, recuerde que "más" no es siempre sinónimo de "mejor". Cualquier receta que precise más de nueve substancias, probablemente será demasiado complicada.

Escoja solo las plantas apropiadas para su necesidad. Para un incienso de amor, por ejemplo, yo elegiría bálsamo de limón, cárdamo, canela, jengibre y vainilla. Las hierbas son reducidas a polvo con el mortero y, luego, son encantadas. La mezcla resultante queda lista para su uso.

Para usar el incienso, encienda un trozo de carbón y colóquelo en un recipiente resistente al calor. El quemador de incienso servirá, pues es un plato lleno hasta su mitad de sal o arena Durante el transcurso del hechizo, se esparce una pequeña cantidad de incienso sobre la braza con pequeños intervalos de tiempo.

Muchas plantas de aroma fragante desprenden un olor diferente cuando se queman, así que no se sorprenda si su incienso no es agradable. Los factores que importan aquí son las vibraciones y no los aromas.

Cuatro hechizos de uso general

Estos hechizos se llevan a cabo cuando ningún otro se desee o esté disponible. Como en cualquier aspecto de la magia, pueden alterarse para que se adapten a sus gustos e imaginación. La mayoría de ellos deberán hacerse al aire libre, pero con un poco de cuidado podrán realizarse en lugares cerrados.

Aunque están relacionados con los cuatro elementos, cada hechizo puede emplearse para cualquier necesidad mágica, solo o en combinación con otros hechizos. Por ejemplo, si deseo atraer un amor, podría llevar un saquito y luego arrojar las hierbas al océano, como en el hechizo de Agua.

Puede inventar sus propios hechizos cuando trabaje con hierbas; es perfectamente aceptable y el hechizo será a la medida.

El hechizo de tierra

Ponga las hierbas encantadas en una bolsa y llévelas a un bosque. Con las manos, cave un pequeño agujero en la tierra e introduzca las hierbas en él. Visualice lo que necesita con fuerza. Cubra las hierbas y abandone el lugar. Esto es todo.

El hechizo de aire

Sitúese en un lugar abierto, en la cima de una colina o de una montaña, lejos de los árboles altos, edificios y de otras montañas. Tome las hierbas encantadas en su mano de poder y, mirando al Norte, sople algunas de ellas en esa dirección; vuélvase hacia el Este y repita el hechizo; luego hacia el Sur, y por último al Oeste y sople todas las hierbas lejos de la mano. Aquello que necesita visualícelo con fuerza todo el tiempo, declarándolo con palabras si lo desea.

El hechizo de fuego

Escriba o haga un símbolo de aquello que necesita sobre un trozo de papel cortado en forma de triángulo. Mientras visualiza su intención, ponga las hierbas encantadas apropiadas en el centro del papel y desmenúcelo bien para que las hierbas queden apresadas en él. Unte con aceites si lo desea.

Encienda un fuego al aire libre o en una chimenea. Arroje el paquete de hierbas al fuego. Visualice con fuerza lo que necesita cuando entre en contacto con las llamas. Continúe haciendo lo mismo hasta que el paquete haya sido consumido totalmente.

El hechizo de agua

Tome las hierbas encantadas y llévelas a un río, manantial, lago o playa. Sosténgalas en su mano de poder y visualice lo que necesita. Con un movimiento de barrido, esparza las hierbas sobre el agua. La energía habrá sido enviada.

cuatro

PROPÓSITOS MÁGICOS

Los propósitos mágicos son necesidades mágicas; el amor es una, el dinero otra, y la protección una tercera. Este capítulo trata brevemente algunos de los propósitos mágicos más comunes.

Las hierbas apropiadas para cada propósito se encuentran listadas en la Parte III.

PROTECCIÓN

Debido al gran número de hierbas que se han empleado en este propósito, es obvio que la protección es, y ha sido, del mayor interés para muchas personas. La mayoría de las hierbas protectoras mencionadas en este libro tienen efectos generales; protegen a sus tenedores de ataques físicos y psíquicos: heridas, accidentes, venenos, mordeduras de serpientes, rayos, malos espíritus, mal de ojo, etc.

Naturalmente, no servirán de mucho cuando algo haya ocurrido: las hierbas protectoras deben ser preventivas. Eso no significa que si usted lleva una raíz o una bolsita protectora va a pasar por la vida y libre de problemas. Pero llevar algunas de estas hierbas le ayudará con seguridad a protegerse de situaciones perjudiciales.

En el mundo actual debemos protegernos con todos los medios a nuestro alcance y las plantas protectoras es uno de ellos. Ellas crean una especie de campo de fuerza alrededor de su hogar, de sus posesiones y de usted mismo. También aumentan la eficacia de las defensas naturales del organismo.

Después de todo más vale prevenir que curar.

AMOR

El amor es una incesante búsqueda de compañía, afecto, relación sexual, satisfacción emocional y alguien con quien poder conversar durante el desayuno.

El amor mágico debe ser de un solo tipo: conquistar a una persona deseada. Así, dicho de un modo sencillo, las hierbas del amor le pondrán en situaciones en las que conocerá personas, le ayudarán a vencer la timidez (si es necesario), y comunicarán su disposición a ser amado.

Las hierbas del amor (en contraposición a las hierbas del deseo, véase abajo) esparcen sus vibraciones por todas partes en busca del amor. Normalmente, atraen a personas en el mismo estado de ánimo; las hierbas del amor lanzan la llamada y quienes están interesados responden a ella.

Desde luego, esto ocurre en un nivel subconsciente. Nadie se acercará para decirle: "hola. Me doy cuenta que tiene vibraciones amorosas". Pero, si emplea estas hierbas, llamará más la atención y hará nuevas amistades, entre las que puede descubrir su amor.

Las hierbas de amor no deben utilizarse para obligar o persuadir mágicamente a otro ser humano a que le ame. Ello no solo es manipulación del espíritu libre sino que además no funcionará, ¿cómo se sentiría si alguien lo hiciera con usted? El amor es algo que nace de las experiencias compartidas, de la conversación relajada, miradas furtivas y dedos entrelazados. Incluso cuando comienza con una explosión de fascinación, el verdadero amor es el fruto madurado por el tiempo.

Si las hierbas se utilizan en forma incorrecta, confundirán las emociones de la víctima. Al principio, puede parecer el amor ideal, pero pronto se desmoronará para convertirse en algo menos atractivo: esclavitud emocional. Atrapar a una persona con amor mágico es como una violación psíquica.

El método más sencillo consiste en utilizar las hierbas de amor para que varias personas se crucen en su vida. El resto dependerá de usted.

EXORCISMO

Esta antigua forma de magia sirve hoy día, no necesariamente para expulsar demonios de las personas o edificios, sino para limpiar la negatividad que proporciona la vida diaria.

Las hierbas para purificar son de menor poder exorcizante y, normalmente, no limpian un lugar de malos espíritus.

CURACIÓN

Existen muchas hierbas que favorecen los procesos curativos del organismo. Unas tienen varios usos y otras son para algo concreto. Todas pueden mezclarse en bolsitas que favorecen los poderes curativos. Unas se usan en forma de incienso y otras se añaden al baño.

Sin embargo, cuando ocurre una enfermedad seria o aparecen síntomas agudos, debe solicitarse atención médica inmediata. La magia de hierbas, como en toda magia, debe estar respaldada por acciones apropiadas y oportunas en el mundo físico. Lo que significa recibir asistencia médica cuando sea necesario.

SALUD

Como en la mayoría de los tipos de magia, prevenir es mejor que curar; si es propenso a padecer de mala salud, podría ser aconsejable llevar consigo alguna de estas hierbas en todo momento. Reemplácelas con regularidad (cada tres meses más o menos).

ROMPER UN EMBRUJO

Cuando la gente cree haber sido embrujada, maldecida, encantada o agredida físicamente, normalmente puede encontrarse la causa del supuesto embrujo en algo ordinario. No importa lo seguras que estas personas estén de su estado, son solo víctimas de la vida y de sus propios miedos y preocupaciones. Una serie de accidentes, desgracias, enfermedades, pérdidas de carácter financiero o emocional, incluso las averías del automóvil son la base de embrujos imaginarios.

Aunque la mayoría de los embrujos son imaginarios, algunos no lo son. Además, es un hecho bien probado que la mente tiene un poderoso efecto sobre el cuerpo. Si una persona se considera embrujada, sus efectos físicos (si los hubiera) también se manifestarán.

Por esta razón, se emplean muchas hierbas por su capacidad tradicional para eliminar hechizos y maldiciones, exista o no el embrujo.

FIDELIDAD

A pesar que, desde el punto de vista mágico, forzar a su ser querido a que le sea fiel es violar uno de los preceptos de la magia (no dañar a nadie), existen hierbas que pueden emplearse para que él o ella le recuerden con ternura y se guarden de la tentación no deseada. Utilícelas con amor y prudencia.

SUERTE

La suerte es sencillamente la habilidad de estar en el lugar adecuado en el momento preciso, decir las cosas apropiadas y obrar por instinto. Si una persona no es "afortunada" por naturaleza, puede adquirir esta habilidad con el uso de las hierbas. Cómo se manifestará esa "suerte" queda sin definir, pero las hierbas de la suerte se emplean, por lo general, cuando una persona ha tenido una racha de "mala" suerte y desea cambiarla por buena.

DESEO SEXUAL

Estas plantas se han usado durante siglos para suscitar el deseo sexual. No es sorprendente que se hayan usado comúnmente para suscitar el deseo de otra persona, tal vez en contra de su voluntad.

No obstante, también se utilizan como las hierbas de amor, para atraer a otros que desean relaciones sexuales, y resulta ciertamente menos manipulador que el uso anterior.

MANIFESTACIONES

Algunos tipos de magia se especializan en hacer que los espíritus y "demonios" tomen apariencia visible, normalmente dentro de un círculo o triángulo. Estas hierbas han sido quemadas a fin que el humo sea usado por el espíritu como medio en el que se materialice.

Esta magia, a pesar de ser peligrosa y difícil de realizar, es tradicional, y por eso he incluido tales hierbas en este libro.

DINERO

Estas plantas mejoran el panorama financiero de una persona; no fabrican billetes de la nada. El dinero puede venir en forma de herencias o regalos inesperados, pero, normalmente, se manifestará con un mejor salario, un mejor empleo, una buena inversión, un préstamo, etc.

La magia ejercida para obtener dinero se practica con frecuencia. Sin embargo, pocas personas necesitan de verdad el dinero, lo que necesitan es lo que éste puede comprar.

DESEOS

A lo largo de este libro he destacado que la magia debe ser utilizada cuando sea necesaria, tal vez como último recurso cuando todos los demás métodos han fracasado. Sin embargo, todos tenemos deseos que podrían no ser tan urgentes como una necesidad. No obstante, estos deseos quizá sean importantes desde el punto de vista emocional y físico, por eso la magia puede emplearse para "hacerlos realidad", y las hierbas pueden ayudar a conseguirlo.

PARTE DOS

LAS HIERBAS

LAS HIERBAS

Cada planta tiene una información resumida y general. La primera entrada es el *nombre común,* o el más conocido.

La siguiente es el *nombre científico* del género y la especie (si se conoce). Esta información es de gran importancia, ya que hay varias hierbas que comparten nombres comunes y pueden confundirse con facilidad entre sí. Con esta información puede hacerse una identificación exacta y evitar equivocaciones.

A continuación, los *nombres populares* por los que se conoce la planta, si los tiene. Después, se detalla el *género de* la planta. Este aspecto algo confuso del herbalismo mágico no es más que un viejo método de catalogar las hierbas por su tipo de vibración básica. Todavía siento aversión al identificar el laurel como "macho" y el sauce como "hembra". Por consiguiente, los términos "masculino" y "femenino" designan el género de cada planta.

Las hierbas masculinas son aquellas que están dotadas de fuertes y ardientes vibraciones. Estas son las hierbas que se emplean para la protección, purificación, romper embrujos, exorcismos, deseo, conservar la potencia sexual, salud, fuerza, valor, etc. También, cualquiera que fortalezca la mente.

Las hierbas femeninas son plantas más serenas, más sutiles, de efectos más suaves. Se emplean para atraer el amor, aumentar la belleza, recuperar la juventud, favorecer la curación y el desarrollo de los poderes psíquicos, aumentar la fertilidad, atraer riquezas, fomentar la felicidad y la paz, ayudar al sueño y la espiritualidad y provocar visiones.

Aquí vemos, de nuevo, una forma de clasificación que se ha incluido por su importancia tradicional. Es una herramienta útil para determinar los usos mágicos.

El *planeta regente* de la planta es el punto siguiente, si se conoce. Aunque no es lugar para explicar magia planetaria, los cuerpos celestes (incluidos el Sol y la Luna) han sido asociados durante mucho tiempo con distintos tipos de necesidades mágicas. Veamos una breve lista:

Sol: Asuntos legales, curación, protección.

Luna: Sueño, sueños proféticos, fertilidad, paz, curación.

Mercurio: Facultades mentales, adivinación, poderes psíquicos, sabiduría.

Venus: Amor, amistad, fidelidad, belleza, juventud.

Marte: Valor, fuerza, deseo, potencia sexual, exorcismo, rotura de embrujos.

Júpiter: Dinero, prosperidad, asuntos legales, suerte.

Saturno: Visiones, longevidad, exorcismos, desenlaces.

Sigue el *elemento regente*, donde se tenga información. Los cuatro elementos (Tierra, Aire, Fuego y Agua) se encuentran en todas las cosas en distinta proporción.

Esto también concierne a las hierbas. Cada uno, naturalmente, tiene su propio uso en magia:

Tierra: Dinero, prosperidad, fertilidad, curación, empleo

Aire: Facultades mentales, visiones, poderes psíquicos, sabiduría.

Fuego: Deseo, valor, fuerza, exorcismo, protección, curación.

Agua: Sueños, meditación, purificación, sueños proféticos, curación, amor, amistades, fidelidad.

Como usted puede ver en las tablas anteriores, el género, planeta y elemento de cada planta están íntimamente relacionados y, para el experto, proporcionan un amplio expectro de información mágica.

Dado que muchas plantas han sido asociadas con divinidades a través de los siglos, se da una lista de las deidades específicamente relacionadas con la planta, si las hubiere; lo que proporciona todavía otra clave para el uso mágico de la planta, ya que a toda divinidad se le atribuyen una o más influencias. Venus, como diosa del amor, es un ejemplo bien conocido; las hierbas consagradas a la diosa Venus pueden emplearse en tales hechizos.

A continuación, se ofrece un resumen de los poderes de cada hierba para que sirva de fácil consulta. No obstante, esta relación tal vez no contenga todos los diversos usos mencionados en el texto.

Si la planta ha sido empleada dentro de un ámbito religioso, de algún modo relacionado con la magia de hierbas, quedará expresado bajo el título de uso ritual.

Por último, los usos mágicos sintetiza los poderes de cada planta.

Advertencia: Algunas plantas son de caracter peligroso. Estas plantas son marcadas con la palabra VENENOSO al lado de cada sustancia riesgosa. Estas hierbas (Beleño, Eléboro, Tejo, etc.) pueden ser venenosas o fatales si se comen, beben, entran en contacto con heridas en la piel, o son inhaladas cuando se queman como incienso.

Estas advertencias deben ser tenidas en cuenta al utilizar cada planta.

La venta y uso de estas hierbas son restringidas por la ley, incluso la sola posesión de muchas de ellas puede ser perjudicial.

Otra importante precaución: no deben consumirse aceites, inciensos, baños de sal, jabones, tinturas, perfumes o polvos.

Mantenga este tipo de hierbas fuera del alcance de los niños. En caso de sobredosis, acuda al hospital más cercano. Muchas plantas y esencias aceitosas son venenosas.

Las plantas son drogas. Verifique cada planta que aplica en su cuerpo con el libro de datos referente a hierbas.

La información contenida en este libro tiene propósito informativos únicamente y no tiene por objeto ser usado como consejo o dictamen médico, jurídico o psicológico. Para ayuda en estas materias consulte a un doctor, un abogado o un psiquiatra.

ABEDUL *(Betula alba)*

Nombres populares: Beithe, bereza, berke, beth, bouleau, dama de los bosques.

Género: Femenino.

Planeta: Venus.

Elemento: Agua.

Deidad: Tor.

Poderes: Protección, exorcismo, purificación.

Usos mágicos: Las ramitas de abedul se han utilizado para exorcizar espíritus golpeando suavemente con ellas a las personas o animales que han sido poseídos, dado que es una hierba purificadora y limpiadora.

El árbol también se emplea para protección. Los rusos lo usaban para colgar una cinta roja alrededor del tronco del árbol y librarse así del mal de ojo. El abedul también protege del rayo.

La tradicional escoba de las brujas se hacía con ramitas de abedul, y antiguamente, se fabricaban las cunas con su madera para proteger su indefensa carga.

ABROTANO

(Artemisia abrotanum)

Nombres populares: Amor de niño, garde robe, ruina de doncella y hombre viejo.

Género: Masculino.

Planeta: Mercurio.

Elemento: Aire.

Poderes: Amor, deseo sexual y protección.

Usos mágicos: Se emplea en hechizos de amor. A veces el abrótano se pone bajo el lecho para despertar el deseo sexual en sus ocupantes. Quemado como incienso, protege contra toda clase de problemas y el humo que produce ahuyenta a las serpientes.

ACACIA *(Acacia Senegal)*
Nombres populares: Goma del Cabo, espino egipcio, árbol de goma arábiga.
Género: Masculino.
Planeta: Sol.
Elemento: Aire.
Deidades: Osiris, Astarte, Ishtar, Diana, Ra.
Poderes: Protección, poderes psíquicos.
Usos rituales: La madera se emplea en la India como combustible en los fuegos sagrados, y también en la construcción de templos.

Usos mágicos: Una ramita de árbol colocada sobre la cama repele el mal, lo mismo que cuando se introduce dentro del turbante, en los países orientales.

Cuando la madera se quema con sándalo, se estimulan los poderes psíquicos.

La acacia también se emplea en hechizos de dinero y amor dando como resultado amores platónicos.

ACEBO *(Ilex aquifolium o I. opaca)*
Nombres populares: Aquifolius, alas de murciélago, espinas de Cristo y árbol sagrado.
Género: Masculino.
Planeta: Marte.
Elemento: Fuego.
Poderes: Protección, anti-rayos, suerte y magia de los sueños.
Usos rituales: El acebo protege del rayo, del veneno y de los malos espíritus. Al plantarse alrededor de la casa, la protegerá así como a sus moradores de los hechiceros. Cuando es arrojado contra animales salvajes, el acebo los apacigua, aún cuando no hayan sido tocados por la planta. El agua de acebo (en infusión o destilada) se salpica sobre los niños recién nacidos para protegerlos.

El acebo se lleva también para aumentar la buena suerte, sobre todo en los hombres, ya que el acebo es una planta "masculina". (La hiedra es la planta correspondiente a la mujer). También se cuelga alrededor de la casa para obtener buena suerte en Navidad.

Un viernes, pasada la medianoche, sin hacer ningún ruido, arranque nueve hojas de acebo, preferiblemente de una planta sin espinas (una que tenga las hojas lisas). Envuélvalas en un paño blanco, haciendo nueve nudos para unir los extremos. Póngalo debajo de su almohada y sus sueños se harán realidad.

ACEBUCHE *(Olea europaea)*

Nombres populares: Aceituno.
Género: Masculino.
Planeta: Sol.
Elemento: Fuego.
Deidades: Atenea, Apolo, Irene, Minerva y Ra.
Poderes: Curación, paz, fertilidad, potencia, protección y deseo sexual.
Usos mágicos: En la antigüedad el aceite se quemaba en lámparas para iluminar los templos.
Usos mágicos: Escriba el nombre de Atenea en una hoja de acebuche. Apriétela contra la cabeza o llévela en el cuerpo y curará los dolores de cabeza.

El aceite de acebuche se ha empleado durante mucho tiempo como aceite de ungir para facilitar la curación. Las hojas, esparcidas y colocadas dentro de una habitación propagan una vibración de paz por todo el lugar.

Comer aceituno asegura la fertilidad y el deseo sexual en los hombres. Las novias en Atenas llevaban coronas hechas con hojas de acebuche para asegurar su fertilidad.

Una rama colgada de la puerta protege la casa contra todos los males, y puesta en la chimenea protege del rayo. Llevar hojas de acebuche consigo da buena suerte.

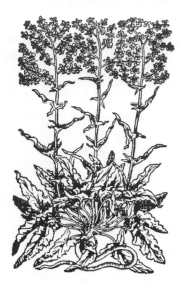

ACEDERA *(Rumex spp.)*

Nombre popular: Acedera amarilla.
Género: Masculino.
Planeta: Júpiter.
Elemento: Aire.
Poderes: Curación, fertilidad y dinero.
Usos mágicos: Las semillas de la acedera común se utilizan en hechizos y en inciensos de dinero. También se hace con ellas una infusión, la cual es salpicada por todo el lugar (negocio) para atraer clientes.

Cuando las semillas se atan al brazo izquierdo de una mujer, éstas le ayudan a concebir un hijo.

ACEITE DE GAULTERIA
(Gaultheria procumbens)

Nombres populares: Té montañés y baya de té.
Género: Femenino.
Planeta: Luna.
Elemento: Agua.
Poderes: Protección, curación y romper hechizos.
Usos mágicos: La gaulteria se pone dentro de la almohada de los niños para protegerlos y concederles gran fortuna para toda su vida.

Cuando se salpica por la casa, elimina los hechizos y, sobre todo, cura cuando se haya mezclada con menta.

La gaulteria se emplea además en los hechizos curativos, cuando se colocan ramitas frescas sobre el altar, éstas llaman a los buenos espíritus para servir de testigos y ayudarle en su magia.

ACIANO *(Centaurea cyanus)*

Nombres populares: Flor del Diablo, campión rojo, azulejo.

Género: Femenino.

Planeta: Venus.

Elemento: Agua.

Deidad: Robin Goodfellow.

Poder: Amor.

Usos mágicos: Las mujeres llevan esta flor en el pecho o en el bolsillo para atraer el amor de un hombre. La planta perderá o conservará su frescura según el éxito o el fracaso amoroso.

ACTAEA *(Cimicifuga racemosa)*

Nombres populares: Raíz de serpiente negra y raíz de cascabel.

Género: Masculino.

Poderes: Amor, valor, protección y potencia.

Usos mágicos: Use la actaea negra en los saquitos de amor y añada una infusión al baño para ayudarle en casos de impotencia.

Incrementa el valor en el tímido. Rociar la infusión de esta hierba alrededor de una habitación ahuyenta a los malos espíritus.

ACHICORIA *(Cichorium intybus)*
Nombres populares: Cereza salvaje.
Género: Masculino.
Planeta: Sol.
Elemento: Aire.
Poderes: Eliminación de obstáculos, invisibilidad, favores y frugalidad.
Usos mágicos: Se emplea para eliminar todos los obstáculos que pudieran surgir inesperadamente en su vida.

En un tiempo se creyó que hacía invisible a su poseedor y que abría cajas y puertas cerradas con llave si se apoyaba contra las cerraduras. Si unge su cuerpo con su jugo, obtendrá favores de personas importantes. También se lleva consigo para estimular la frugalidad.

ADELFA *(Nerium oleander)*
VENENOSA
Género: Femenino.
Planeta: Saturno.
Elemento: Tierra.
Poderes: Amor.
Usos mágicos: Aún cuando la magia italiana afirma que guardar cualquier parte de una adelfa en la casa produce enfermedades, desgracias e infortunios a sus moradores, esta planta se utiliza de vez en cuando en hechizos de amor, pero nunca debe ingerirse.

AGARICO *(Amanita muscaria)*

VENENOSO

Nombres populares: Angel de la muerte, bonete de la muerte, seta mágica, seta del bonete rojo, seta sagrada.

Género: Masculino.

Planeta: Mercurio.

Elemento: Aire.

Deidad: Dionisio.

Poder: Fertilidad.

Usos rituales: La leyenda dice que algunas de las religiones secretas de la época clásica centraban sus rituales secretos en torno al uso de la amanita.

Usos mágicos: Colóquese sobre el altar o en el dormitorio para aumentar la fertilidad. Desgraciadamente, la amanita es tan venenosa que no es aconsejable su uso.

AGRIMONIA

(Agrimonia eupatoria)

Nombres populares: Campanario de iglesia, filántropo, eupatorio.

Género: Masculino.

Planeta: Júpiter.

Elemento: Aire.

Poderes: Protección, sueño.

Usos mágicos: Se utiliza en las bolsitas y hechizos de protección; elimina energías y espíritus negativos. Protege de los duendes, el mal y el veneno.

La agrimonia también se ha utilizado para repeler los hechizos enviados contra el mago; por ejemplo, no solo rompe los embrujos, sino que además los devuelve al que los crea.

En la antigüedad se utilizaba para producir un sueño similar a la muerte, pero no debe emplearse contra el insomnio: el dormitante no despertará hasta que se haya retirado la hierba. En un tiempo la agrimonia era utilizada para detectar la presencia de brujas.

AGUACATE *(Persea americana)*

Nombres populares: Ahuacotl (azteca: "árbol testicular"), pera de caimán, persea.

Género: Femenino.

Planeta: Venus.

Elemento: Agua.

Poderes: Amor, deseo, belleza.

Usos rituales: Los egipcios veneraban la persea.

Usos mágicos: Coma aguacate para incrementar el deseo sexual, tal como hacían los antiguos aztecas.

Siembre en su hogar esta planta para llevar el amor a su casa.

Las varas mágicas hechas con su madera son poderosos instrumentos para todos los usos.

Lleve encima una semilla de aguacate para realzar la belleza.

AGUILEÑA
(Aquilegia canadensis)

Nombres populares: Hierba de león.

Género: Femenino.

Planeta: Venus.

Elemento: Agua.

Poderes: Valor y amor.

Usos mágicos: Frote sus manos con la hierba para inducir valor y osadía.

Las semillas se utilizan como perfume amoroso; cuando se hace polvo, se frota en las manos y el cuerpo para atraer amor.

AJENJO *(Artemisia absinthium)*

VENENOSO

Nombres populares: Ajenjo, vieja y corona del rey.

Género: Masculino.

Planeta: Marte.

Elemento: Fuego.

Deidades: Iris, Diana y Artemis.

Poderes: Poderes psíquicos, protección, amor e innovación de espíritus.

Usos mágicos: El ajenjo se quema en inciensos para desarrollar los poderes psíquicos.

Según una antigua tradición, esta planta contrarresta los efectos del envenenamiento por cicuta y hongos venenosos, pero no estoy seguro de lo anterior. Si se cuelga del espejo retrovisor del vehículo, lo protegerá de los accidentes en carreteras peligrosas.

El ajenjo se emplea a veces en infusiones de amor, probablemente porque en algún tiempo se hacía una bebida alcohólica con este nombre. Este licor altamente peligroso y de fácil adicción está ahora prohibido por la ley en muchos países, pero la reputación persiste y el ajenjo todavía se emplea en las mezclas de amor. Uno de esos usos consiste en ponerlo bajo la cama para atraer a la persona amada.

También se quema para invocar espíritus. A veces se mezcla con sándalo con este propósito. Según la leyenda si se quema en cementerios, los espíritus de los muertos se levantarán y hablarán.

AJO *(Alliun sativum)*

Nombres populares: Ajo y melaza de hombre pobre.

Género: Masculino.

Elemento: Fuego.

Deidad: Hécate.

Poderes: Protección, curación, exorcismo, deseo sexual y antirrobos.

Usos rituales: El ajo se comía en las fiestas dedicadas a Hécate, y se dejaba en una encrucijada como sacrificio en nombre de esta diosa.

Usos mágicos: Se utiliza para protegerse de la peste. Todavía se emplea para absorber enfermedades. Sólo tiene que frotar los dientes de ajo, frescos y pelados, sobre la parte afectada del cuerpo, y luego tirarlos al agua corriente. El ajo se empleaba en un antiguo hechizo para protegerse de la hepatitis. Para hacerlo, lleve trece dientes de ajo al final de un cordón colgado al cuello durante trece días. El último día, hacia la medianoche, camine hasta llegar a la intercepción de dos calles, quítese el collar, tírelo detrás de usted y corra hasta su casa sin mirar atrás.

Es un gran protector. Los marineros lo llevan mientras a bordo del barco para protegerse de los naufragios. Los soldados lo llevaban en la Edad Media para defenderse, y los soldados romanos lo comían para que les diera valor. Se pone en casa para evitar la intrusión del mal, para mantener alejados a los ladrones, y se cuelga en la puerta para repelar a las personas envidiosas. El ajo protege las casas nuevas.

Si se lleva consigo, protege del mal tiempo y de los monstruos; también lo defiende de los golpes del enemigo.

Muerda un ajo para ahuyentar los malos intrusos, o esparza su polvo por el suelo. También se pone bajo las almohadas de los niños para protegerlos mientras duermen. Las novias llevaban un diente de ajo en el bolsillo para que les diera suerte y mantuviese alejado el mal en el día de su boda. Si se frota sobre las cacerolas y sartenes antes de cocinar elimina las vibraciones negativas que podrían contaminar los alimentos. Si se come, actúa como inductor del deseo sexual. Y cuando un magneto o piedra de imán natural se frota con ajo, pierde sus poderes mágicos.

ALAMO *(Populus spp.)*

Nombres populares: Alamo europeo.
Género: Masculino.
Planeta: Mercurio.
Elemento: Aire.
Poderes: Elocuencia, antirrobo.
Usos mágicos: Utilícelo en hechizos antirrobo, y plante un álamo en su jardín o en su patio para protegerse de los ladrones.

Coloque una hoja de álamo bajo la lengua si desea ser elocuente.

ALAMO *(Populus tremuloides)*

Género: Femenino.
Planeta: Saturno.
Elemento: Agua.
Poderes: Dinero y volar.
Usos mágicos: Las yemas y hojas del álamo se llevan para atraer dinero o se añaden a los inciensos de dinero.

También se han agregado a ungüentos voladores, que se emplean para facilitar la proyección astral, para esta razón se frota sobre el cuerpo.

ALBAHACA
(Ocimum basilicum)

Nombres populares: Albahaca, Ditany americana, "nuestra hierba", flor de S. José, albahaca dulce, hierba de la bruja

Género: Masculino.

Planeta: Marte.

Elemento: Fuego.

Deidades: Vishnu, Erzulie.

Poderes: Amor, exorcismo, riqueza, facultad de volar, protección.

Usos mágicos: El agradable perfume de la albahaca fresca produce simpatía entre dos personas, y por eso se emplea para apaciguar el mal carácter entre los amantes. Se añade a los inciensos de amor y a los saquitos, y las hojas frescas se frotan contra la piel a modo de perfume amoroso natural. En la antigua Europa Oriental, se creía que un joven amaría a cualquier mujer de cuya mano aceptara una ramita de albahaca.

Esta también se emplea en las adivinaciones amorosas. Coloque dos hojas frescas de albahaca sobre un carbón encendido. Si permanece donde las ha puesto y se queman rápidamente hasta hacerse cenizas, el matrimonio (o relación) será armonioso. Si hay cierta precipitación, la vida de la pareja se verá perturbada por las riñas. Y si las hojas se separan con rapidez, la relación no será deseable.

¿Desea saber si alguien es honesto o promiscuo? Ponga una ramita de albahaca en su mano. Se marchitará de inmediato si dicha persona es "ligera en el amor".

Esta planta proporciona riqueza a aquellos que la llevan en los bolsillos, y se utiliza para atraer clientes a un negocio colocando un poco en la caja registradora o en el marco de la puerta.

La albahaca asegura que la pareja permanece fiel. Esparza albahaca en polvo por todo el cuerpo mientras ésta duerme, especialmente sobre el corazón, y su relación quedará bendecida por la fidelidad.

Igualmente, se esparce por el suelo porque, donde ella está, no puede vivir el mal. Se emplea en los inciensos de exorcismo y en los baños de purificación. A veces se echa pequeñas cantidades en cada habitación de la casa para su protección. También evita la embriaguez.

Se decía que las brujas bebían media copa de zumo de albahaca antes de salir volando por los aires.

Otro uso que se le da a la albahaca es para el control de las dietas, pero debe ser con la ayuda de una segunda persona y sin que lo sepa quien hace el régimen. Según el antiguo hechizo, una mujer (o un hombre) no podrá comer ningún alimento si, en secreto, se ha colocado la albahaca bajo el plato.

Finalmente, como regalo trae buena suerte a un nuevo hogar.

ALBARICOQUE
(Prunus armeniaca)

Género: Femenino.
Planeta: Venus.
Elemento: Agua.
Deidad: Venus.
Poderes: Amor.
Usos mágicos: Coma esta fruta para tener un carácter agradable, o use su jugo en hechizos y "pócimas" de amor.

Las hojas y flores pueden añadirse a los saquitos de amor y las semillas se llevan consigo con el mismo fin.

ALCANA *(Anchusa spp.)*

Género: Femenino.
Elemento: Agua.
Poderes: Purificación, prosperidad.
Usos mágicos: La alcana se quema como un incienso para purificar el lugar de energía negativa, y también se utiliza para atraer prosperidad en todas sus formas.

ALCANFOR
(Cinnamomum camphora)
Género: Femenino.
Planeta: Luna.
Elemento: Agua.
Poderes: Castidad, salud y adivinación.
Usos mágicos: Huela alcanfor para atenuar el deseo sexual. También se coloca junto a la cama con este propósito.

Una bolsa de alcanfor (o la corteza del árbol) colgada alrededor del cuello previene los resfriados y la gripe.

A veces, se utiliza en los inciensos adivinatorios; por desgracia, el auténtico alcanfor no se encuentra en los Estados Unidos, el sintético es un buen sustituto.

ALCAPARRA
(Capparis spinosa)
Género: Femenino.
Planeta: Venus.
Elemento: Agua.
Poderes: Fertilidad, deseo y amor.
Usos mágicos: Para la impotencia masculina. También se emplea en las fórmulas de amor y de deseo.

ALCARAVEA *(Carum carvi)*

Género: Masculino.
Planeta: Mercurio.
Elemento: Aire.
Poderes: Protección, deseo sexual, salud, antirrobo y poderes mentales.
Usos mágicos: La alcaravea sirve de protección contra Lilith (monstruo hebreo de la noche) y también contra los malos espíritus, entes de todo tipo y las fuerzas negativas. Frecuentemente se lleva con este propósito. Cualquier objeto que contenga unas semillas de alcaravea estará a prueba de robo.

Las semillas también se usan para estimular la fidelidad, y se ponen en saquitos y talismanes para atraer a la pareja. Cuando se usa como ingrediente en galletas, pan o pasteles induce el deseo lascivo. Masticar las semillas es útil para conseguir el amor de quien se desea.

Además fortalece la memoria y si se pone una bolsita de semillas en la cama de un niño, lo protege de la enfermedad.

ALERCE *(Larix europea)*

Género: Masculino.
Poderes: Protección y antifuego.
Usos mágicos: Dado que la madera de alerce no puede penetrarla el fuego, según la larga tradición mágica, se emplea en saquitos diseñados para evitar conflagraciones.

El alerce también se lleva para evitar encantamientos y protege del mal de ojo.

ALFALFA *(Medicago sativa)*

Nombres populares: Hierba de búfalo, alfalfa, médico púrpura.

Género: Femenino.

Planeta: Venus.

Elemento: Tierra.

Poderes: Prosperidad, contra el hambre, dinero.

Usos mágicos: Guárdese en casa para protegerse de la pobreza y el hambre. Es mejor colocarla en un tarrito dentro del armario o despensa. También se puede quemar y esparcir las cenizas por toda la propiedad con el mismo fin. La alfalfa se utiliza en los hechizos de dinero.

ALFORFÓN *(Fagopyrum spp.)*

Nombres populares: Trigo de haya, brank, trigo francés y maíz sarraceno.

Género: Femenino.

Planeta: Venus.

Elemento: Tierra.

Poderes: Dinero y protección.

Usos mágicos: Muela las semillas (hágalas harina) y espárzalas alrededor de su casa, haciendo un círculo, para mantener alejado el mal. O úselas para trazar círculos mágicos en el suelo a su alrededor mientras realice magia.

Añada unos cuantos granos de alforfón a los inciensos de dinero y deje un poco en la cocina para guardarse de la pobreza.

ALGODÓN
(Gossypium barbadense)
Género: Femenino.
Planeta: Luna.
Elemento: Tierra.
Poderes: Suerte, curación, protección, lluvia y magia de la pesca.

Usos mágicos: Un trozo de algodón en el azucarero le traerá buena suerte, lo mismo que si se tira algodón por encima del hombro derecho al amanecer. En este último caso, la buena suerte aparecerá antes de que acabe el día. Se coloca algodón en la muela que duele para quitar el dolor.

El algodón que se planta o esparce por el patio lo mantiene libre de fantasmas y las bolas de algodón empapadas en vinagre y colocadas en el alféizar de la ventana mantienen alejado el mal.

Para hacer que regrese un amor perdido, ponga algo de pimienta en un trozo de algodón y cóialo para hacerlo un saquito. Llévelo puesto para que su magia surta efecto. Quemar algodón produce lluvia.

La mejor tela para los saquitos, o cualquier paño necesario en la magia, es la que se hace de algodón (similar a la lana).

Si va a pescar en un día de viento, lleve consigo veinte semillas de algodón. Déjelas al borde del agua y picará por lo menos un pez.

ALHEÑA *(Lawsonia inermis)*
Poderes: Curación.
Usos mágicos: Colóquese sobre la frente para quitar el dolor de cabeza. Si se lleva cerca del corazón, atrae el amor. Protege de la enfermedad y del mal de ojo.

ALHOLVA
(Trigonella foenum-graecum)

Nombres populares: Pata de pájaro y heno griego.

Género: Masculino,

Planeta: Mercurio.

Elemento: Aire.

Deidad: Apolo.

Poderes: Dinero.

Usos mágicos: Para traer dinero al hogar, puede añadirse unas cuantas semillas de alholva al agua con que friega el suelo (o bien una pequeña infusión obtenida con la hierba). También llenar hasta la mitad un tarrito de alholva y dejarlo abierto en casa para que atraiga el dinero. Añada unas pocas semillas cada dos días hasta que el frasco esté lleno; luego, saque la alholva del tarro hasta vaciarlo y comience de nuevo. Devuelva las hierbas usadas a la tierra.

ALISO *(Alyssum spp.)*

Nombres populares: Aliso.

Poderes: Protección, moderador de la ira.

Uso mágico: Dioscórides recomendaba el aliso como amuleto, pues tiene el poder de "repeler hechizos". Colgado de la casa protege contra el embeleso, ese proceso mágico que se conoce también como "encanto".

El aliso tiene la facultad de tranquilizar a una persona enojada si se le coloca en la mano o sobre el cuerpo. En el pasado se decía que curaba la hidrofobia (rabia).

ALMENDRA *(Prunus dulcis)*

Género: Masculino.

Planeta: Mercurio.

Elemento: Aire.

Deidades: Attis, Mercurio, Tot, Hermes.

Poderes: Dinero, prosperidad, sabiduría.

Usos mágicos: Las almendras, lo mismo que las hojas y la madera del árbol, se utilizan en los hechizos para obtener prosperidad y dinero. Adicionalmente, se dice que trepar a un almendro asegura el éxito en inversiones comerciales.

Comer almendras curará o combatirá las fiebres, y conferirá sabiduría. Comer cinco almendras antes de beber previene la intoxicación.

Las varas mágicas están hechas de madera de almendro, ya que es una planta de Aire, que es el regente elemental de la vara mágica en algunas tradiciones. Llevar almendras en los bolsillos le conducirá a un tesoro.

ALOE *(Aloe vera, A. Spp.)*

Nombres populares: Plantas de las quemaduras, planta medicinal.

Género: Femenino.

Planeta: Luna.

Elemento: Agua.

Poderes: Protección, suerte.

Usos mágicos: El áloe, planta popular de interiores, también es protectora. Protege de las influencias malignas y previene los accidentes en casa. En Africa, el áloe se cuelga de las casas y de las puertas para ahuyentar el mal, lo mismo que para traer buena suerte.

En México, grandes guirnaldas hechas con ristras de ajos engarzadas a un cable, se adornan con imágenes de santos, paquetes de hierbas mágicas, piedras de imán, sal de roca, piñas y, también, matas de áloe recién cortadas. Estas se cuelgan de las casas para obtener protección, suerte, dinero, etc.

ALOES, MADERA DE
(Aquilaria agallocha)

Nombres populares: Lignum áloes.

Género: Femenino.

Planeta: Venus.

Elemento: Agua.

Poderes: Amor, espiritualidad.

Usos mágicos: A pesar que en la actualidad apenas existe, la madera de áloes se ha utilizado en magia durante siglos.

Antiguamente, se usaban en Egipto para atraer buena fortuna, y se quemaba como incienso en los ritos mágicos de evocación durante el Renacimiento. Posee intensas vibraciones espirituales y proporcionará amor a quien la lleve.

Los herbalistas mágicos modernos utilizan la madera de áloes como hierba fortalecedora, añadiendo una pequeña cantidad a otras mezclas para intensificar sus poderes.

ALTEA (MALVAVISCO)
(Althaea officinalis)

Nombres populares: Malvavisco, raíz de la mortificación, hierba dulce.

Género: Femenino.

Elemento: Agua.

Poderes: Protección, poderes psíquicos.

Usos mágicos: La altea se ha venido usando en ritos de protección y es un buen estimulante de los poderes psíquicos. Quémese como incienso con estos fines, o llévese también dentro de un saquito.

La altea se conoce como un buen "reclamo de espíritus", por ejemplo: cuando se coloca sobre el altar, atrae a los buenos espíritus. Es una práctica popular del vudú.

AMAPOLA *(Papaver spp.)*

Nombres populares: Adormidera, ojos ciegos y dolores de cabeza.

Género: Femenino.

Planeta: Luna.

Elemento: Agua.

Deidades: Hypnos y Deméter.

Poderes: Fertilidad, amor, sueño, dinero, suerte e invisibilidad.

Usos mágicos: Las semillas y flores de amapola se utilizan en mezclas elaboradas para ayudar a dormir. También se comen o se llevan consigo para fomentar la fertilidad y para atraer suerte y dinero. Hubo un tiempo en que se adornaban y se llevaban como talismanes para atraer riquezas. También se echan semillas en la comida para inducir al amor o se emplean en saquitos de amor.

Si desea conocer la respuesta de alguna pregunta, escríbala con tinta azul sobre una hoja de papel blanco. Métalo dentro de una vaina de amapola y póngalo bajo la almohada. La respuesta aparecerá en un sueño.

Ponga a remojar en vino semillas de amapola durante quince días. Después, beba el vino en ayunas cada día durante cinco días. Según la tradición podrá hacerse invisible a voluntad.

AMARANTO
(Amaranthus hypochondriacus)
Nombres populares: Flor de la inmortalidad, Huauhtli (azteca), amor sangrante, moco de pavo, flor de terciopelo.
Género: Femenino.
Planeta: Saturno.
Elemento: Fuego.
Deidad: Artemis.
Poderes: Curación, protección, invisibilidad.
Usos rituales: El amaranto se empleaba en ritos funerarios paganos. Durante la colonia fue declarada ilegal por las autoridades españolas en México porque era utilizada por los aztecas en sus ritos.

Usos mágicos: Una corona hecha de flores de amaranto, llevada sobre la cabeza, acelera la curación. Para asegurarse que nunca será alcanzado por una bala, arranque un amaranto completo (con raíces y todo), un viernes de Luna llena. Haga un ofrecimiento a la planta y, después, dóblela, con raíces y todo, en un trozo de tela blanca. Llévela pegada al pecho y estará "a prueba de balas".

Las flores secas de amaranto se han utilizado para invocar a los muertos, y también se llevan para "curar males de amor", por ejemplo: para sanar corazones rotos. Llevar una guirnalda de amaranto confiere invisibilidad.

AMBROSIA
(Ambrosia spp.)
Poderes: Valor.
Usos mágicos: Mastique la raíz de ambrosía por la noche para apartar todo miedo.

AMOR DE HORTELANO
(Galium triflorum)

Nombres populares: Amor de hortelano, Madder's Cousin.

Género: Femenino.

Planeta: Venus.

Elemento: Agua.

Poder: Amor.

Usos mágicos: Esta planta se utiliza para atraer el amor.

ANACARDO
(Anacardium occidentale)

Género: Masculino.

Planeta: Sol.

Elemento: Fuego.

Poder: Dinero.

Usos mágicos: Se usan en los hechizos de dinero y de prosperidad.

ANEMONA HEPÁTICA
(Anemone hepatica— americano;
Peltigera canica— inglés)

Nombres populares: Edellebere, hoja del corazón, hierba de la trinidad y trifoil.

Género: Masculino.

Planeta: Júpiter.

Elemento: Fuego.

Poderes: Amor.

Usos mágicos: Una mujer puede asegurar el amor de un hombre llevando esta planta en un saquito en todo momento.

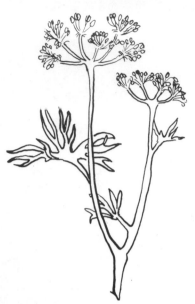

ANEMONE *(Anemone pulsatilla)*

Nombres populares: Anemone de pradera, flor pasque, flor passe, flor de viento.

Género: Masculino.

Planeta: Marte.

Elemento: Fuego.

Deidades: Adonis, Venus.

Poderes: Salud, protección, curación.

Usos mágicos: Recoja las primeras flores de la primavera, envuélvalas en un paño rojo y llévelas consigo para prevenir enfermedades.

Cultive anemones rojas en el jardín para proteger éste y su hogar. Utilice las flores en todos los rituales curativos.

ANGÉLICA

(Angelica archangelica)

Nombres populares: Arcángel.

Género: Masculino.

Planeta: Sol.

Elemento: Fuego.

Deidad: Venus.

Poderes: Exorcismo, protección, curación, visiones.

Usos mágicos: Se utiliza en todos los inciensos de protección y exorcismo. Esparza la angélica por las cuatro esquinas de la casa para ahuyentar el mal, o bien por todo el perímetro de la casa. Añadida al baño, la angélica elimina cualquier maldición, embrujo o hechizo que se haya podido lanzar contra usted.

Para algunas tribus indias de América, la raíz se lleva en el bolsillo como talismán de juego.

La angélica también se usa en inciensos curativos y mezclas, y se dice que fumar sus hojas produce visiones.

ANÍS *(Pimpinella anisum)*

Nombres populares: Grano de anís.
Género: Masculino.
Planeta: Júpiter.
Elemento: Aire.
Poderes: Protección, purificación, juventud.
Usos mágicos: Llene una pequeña funda de almohada con granos de anís y duerma sobre ella. Así no tener pesadillas.

Se usa en inciensos de protección y meditación. Las hojas verdes de anís, colocadas en una habitación, ahuyentarán el mal; a veces, se colocan alrededor del círculo mágico para proteger al mago de los malos espíritus. También desvía el mal de ojo. El grano de anís se emplea en los baños de purificación, sobre todo con hojas de laurel.

Se utiliza para invocar a los espíritus para que ayuden en las operaciones mágicas, y una ramita colgada del cabecero de la cama devuelve la juventud perdida.

APIO *(Apium graveolens)*

Género: Masculino.
Planeta: Mercurio.
Elemento: Fuego.
Poderes: Poderes mentales, deseo sexual y poderes psíquicos.
Usos mágicos: Mastique la semilla para que le ayuden en la concentración, o úselo en hechizos de almohada para inducir al sueño. Quemado con raíces de lirio, las semillas de apio aumentan los poderes psíquicos.

El tronco junto con las semillas, inducen al deseo sexual si se ingieren.

Se dice que las brujas comían semillas de apio antes de volar en sus escobas para no marearse y caer.

APOCINO
(Apocynum androsaemifolium)
Poderes: Amor.
Usos mágicos: Las flores de apócino se utilizan para hacer pociones de amor.

ARCE *(Acer spp.)*
Género: Masculino.
Planeta: Júpiter.
Elemento: Aire.
Poderes: Amor, longevidad y dinero.
Usos mágicos: Las hojas de arce se utilizan en los hechizos de amor y rituales de dinero, y sus ramas han servido mucho tiempo para fabricar varas mágicas.

Un niño que pase entre las ramas de un arce gozará de larga vida.

ARISTOLOQUIA
(Aristoloquia serpentaria)
Nombres populares: Flor del pelícano, radix viperina, radix serpentaria, rizoma serpentario y aristoloquia de Virginia.
Poderes: Suerte y dinero.
Usos mágicos: La raíz se lleva como talismán de la buena suerte y para romper hechizos y maldiciones. Se dice que guía a su portador donde hay dinero.

ARROZ *(Oryza sativa)*

Nombres populares: Bras, dham y nirvara.

Género: Masculino.

Planeta: Sol.

Elemento: Aire.

Poderes: Protección, lluvia, dinero y fertilidad.

Usos mágicos: El arroz regado sobre el tejado protege contra los infortunios. Los bracmanes llevaban arroz como amuleto contra el mal. Un frasco pequeño de arroz colocado cerca de la entrada de la casa también protege.

Arrojar arroz al aire puede producir lluvia. También se pone en los hechizos de dinero, y se tira tras las parejas de recién casados para aumentar la fertilidad.

ARTEMISA *(Artemisia vulgaris)*

Nombres populares: Hierba artemis, artemisia, hombre malvado, hombre viejo, viejo tío Henry, tabaco del marinero y planta de San Juan.

Género: Femenino.

Planeta: Venus.

Elemento: Tierra.

Deidades: Artemis y Diana.

Poderes: Fuerza, poderes psíquicos, protección, sueños proféticos, curación y proyección astral.

Usos mágicos: Ponga artemisa en sus zapatos para recobrar fuerzas durante las largas caminatas. Para este propósito debe recoger la artemisa antes del amanecer, diciendo:

Tollan te artemisia, en lassus sim in via.

Dormir sobre una almohada rellena de artemisa producirá sueños proféticos. También se quema con sándalo durante los rituales con espejos, y se bebe una infusión con esta planta (endulzada con miel) antes de la adivinación.

Las infusiones se emplean para limpiar bolas de cristal y espejos mágicos; sus hojas se colocan alrededor de la bola (o debajo de ella) para facilitar los trabajos psíquicos.

Según la antigua tradición, los portadores de la artemisa están protegidos contra el veneno, los animales salvajes y las insolaciones no pueden hacerles daño. En un edificio, la artemisa evita que los duendes y los "malos espíritus" entren en él, y en Japón los ainus la usaban para exorcizar a los espíritus de la enfermedad, quienes según la creencia odiaban su olor. En China se cuelga de las puertas para mantener los edificios libres de malos espíritus.

La artemisa además se lleva para aumentar el deseo sexual y la fertilidad, para prevenir el dolor de espalda y para curar enfermedades y la locura. Si se coloca junto a la cama ayuda a la realización de la proyección astral.

ARTEMISA *(Artemisia spp.)*

Género: Femenino.
Planeta: Venus.
Elemento: Tierra.
Poderes: Purificación y exorcismo.
Usos rituales: Por mucho tiempo, los indios americanos han quemado la artemisa en sus ceremonias.
Usos mágicos: Báñese con artemisa para purificarse de todos los males pasados y de los actos negativos. Quemarla ahuyenta a las fuerzas malignas y también es útil en curaciones.

ARVEJA GIGANTE

(Vicia spp.)

Poderes: Fidelidad.

Usos mágicos: Si la persona amada ha tomado un mal camino, frote la raíz de la arveja gigante contra su cuerpo, envuélvala después en un paño y póngala bajo su almohada. Esto le recordará que usted todavía está ahí, esperando su regreso.

ASA FÉTIDA *(Ferula foetida)*

Nombres populares: Assyfetida, excremento del diablo, alimento de los dioses.

Género: Masculino.

Planeta: Marte.

Elemento: Fuego.

Poderes: Exorcismo, purificación, protección.

Usos mágicos: Queme pequeñas cantidades en inciensos de exorcismo y protección. Utilícese en saquitos de protección, pero sólo si no le importa desprender un olor extraño. Destruye las manifestaciones de espíritus si se arroja al fuego o dentro del incensario durante la celebración de ritos mágicos.

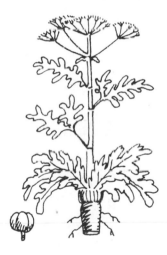

A veces, se utiliza como amuleto para protegerse de los resfriados y fiebres. Se lleva alrededor del cuello con esta finalidad.

Desgraciadamente, si bien el Asa fétida es sin duda poderosa, también deja un olor insoportable. La sola idea de su fragancia ha llegado a producir vómitos. Usese con cuidado.

ASPERILLA
(Aspérula odorata)
Nombres populares: Hierba de Walter, dueña de los bosques y asperilla dulce.
Género: Masculino.
Planeta: Marte.
Elemento: Fuego.
Poderes: Victoria, protección y dinero.
Usos mágicos: Se utiliza para atraer dinero y prosperidad, para llevar la victoria a los atletas y guerreros; cuando se pone en un saquito de piel, lo preserva de todo daño.

ASTER *(Callistephus chinensis)*
Nombres populares: Aster de China, margarita de San Miguel, flor de estrella.
Género: Femenino.
Planeta: Venus.
Elemento: Agua.
Deidad: Venus.
Poder: Amor.
Usos rituales: El aster era consagrado a todos los dioses, y en celebraciones festivas, los griegos lo colocaban sobre los altares de los templos.
Usos mágicos: Utilícese en saquitos de amor, o llévese su flor para obtener amor. También puede cultivarse en el jardín con este mismo fin.

ATRAPAMOSCAS
(Dionaea muscipula)

Género: Masculino.

Planeta: Marte.

Elemento: Fuego.

Poderes: Protección y amor.

Usos mágicos: Estas plantas comedoras de insectos están disponibles en almacenes especializados. Aunque parezca extraño, esta planta está dedicada a la diosa del amor, y puede cultivarse como atrayente de éste.

Lo más común es que esta planta se cultive en el hogar por sus cualidades protectoras y, también, con el fin que "atrape" algo.

AULAGA *(Ulex europaeus)*

Nombres populares: Hiniesta, fyrs e hiniesta espinosa.

Género: Masculino.

Planeta: Marte.

Elemento: Fuego.

Deidades: Júpiter y Thor.

Poderes: Protección y dinero.

Usos mágicos: La aulaga es buena protectora del mal. En Gales los setos de aulaga espinosa se emplean para proteger el hogar de las hadas, que no pueden atravesarlos.

La aulaga también se usa en los hechizos de dinero y para atraer el oro.

AVELLANO *(Corylus spp.)*

Nombre popular: Avellano.
Género: Masculino.
Planeta: Sol.
Elemento: Aire.
Deidades: Mercurio, Thor, Artemis y Diana.
Poderes: Suerte, fertilidad, contra el rayo, protección y deseos.
Usos mágicos: Ensarte una ristra de avellanas y cuélguela en la casa para atraer suerte, o regale un ramo de ellas a una novia para desearle buena suerte.

Comer avellanas dan sabiduría y aumenta la fertilidad. A veces se ingieren antes de la adivinación. Para su protección (o de sus plantas) mientras está fuera de su casa, dibuje un círculo en la tierra con una rama de avellano a su alrededor o de la planta que desea proteger.

Teja una corona con ramas de avellano. Póngasela sobre la cabeza y pida un deseo con fuerza y éste se hará realidad.

En los cercos de las ventanas se ponen ramas de avellano para proteger la casa del rayo y si clava tres clavijas de madera de avellano en su casa, la preservará del fuego. Puede emplearse para hacer bonitas varas mágicas de varios usos. Las ramas en forma de horquilla las emplean los zahoríes para descubrir objetos ocultos.

AVENA *(Avena sativa)*

Nombres populares: Avena.
Género: Femenino.
Planeta: Venus.
Elemento: Tierra.
Poderes: Dinero.
Usos mágicos: Se utiliza en hechizos de dinero y prosperidad.

AVENS *(Geum urbanum)*

Nombres populares: Assaranaccara, hierba bendita, estrella dorada, pie de liebre, hierba Bennet, minarta, pesleporis, estrella de la tierra, avens amarillo.
Género: Masculino.
Planeta: Júpiter.
Elemento: Fuego.
Poderes; Exorcismo, purificación, amor.
Usos mágicos: Se añade a inciensos y mezclas de exorcismos, o se esparce alrededor del área que ha de ser exorcizada. Se utiliza en ritos purificadores.

Cuando se lleva encima como amuleto, protege contra los ataques de todos los animales venenosos.

Los indios americanos (hombres) lo empleaban para conseguir el amor femenino.

AZAFRÁN *(Crocus vernus)*

Género: Femenino.
Planeta: Venus.
Elemento: Agua.
Poderes: Amor y visiones.
Usos mágicos: Planta para atraer el amor.

Queme azafrán junto con alumbre en un incensario, y podrá contemplar la visión de un ladrón que le haya robado. Esto se hacía en el antiguo Egipto.

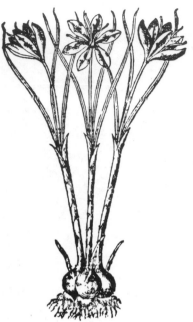

AZAFRÁN *(Crocus sativa)*

Nombres populares: Azafrán de otoño, azafrán, karcom, krokos, kunkuma (sánscrito), saffer (árabe) azafrán español.

Genero: Masculino.

Elemento: Fuego.

Deidades: Eos y Astarté.

Poderes: Amor, curación, felicidad, levanta vientos, deseo sexual, fuerza y poderes psíquicos.

Usos rituales: Los fenicios preparaban dulce de azafrán en forma de media Luna que comían en honor de ésta y de Astarté, la diosa de la fertilidad.

Usos mágicos: El azafrán se pone en saquitos de amor y en aquellos que están destinados a producir sensaciones de deseo sexual. Se utiliza en hechizos de curación, y su infusión sirve para lavarse las manos antes de proceder a rituales curativos.

En Persia (Irán) hubo un tiempo en que las mujeres embarazadas llevaban una bola de azafrán en la boca del estómago para asegurarse un parto tranquilo.

Beber una infusión hecha con esta hierba le permitirá ver el futuro, y sólo ingerir azafrán disipa la melancolía. De hecho, un autor del pasado advierte que comer demasiado azafrán puede hacer que uno "muera de júbilo".

Tener azafrán en casa evita que entre en ella las lagartijas, y llevar una guirnalda de azafrán le protege contra la embriaguez.

En Irlanda las sábanas se lavaban con una infusión de azafrán para que los brazos y las piernas se fortaleciesen durante el sueño, y los antiguos persas lo utilizaban para levantar vientos.

BADIAN *(Illicum verum)*

Nombre popular: Anís de la China.
Género: Masculino.
Planeta: Júpiter.
Elemento: Aire.
Poderes: Poderes psíquicos y suerte.
Usos mágicos: Se queman sus semillas como incienso para aumentar los poderes psíquicos, y se llevan consigo como cuentas con el mismo propósito.

A veces el badián se pone sobre el altar para darle poder; se coloca uno en cada una de las cuatro direcciones. También se lleva como amuleto para la suerte en general. Con sus semillas se hacen excelentes péndulos.

BÁLSAMO DE GILEAD
(Commiphora opobalsamum)

Nombres populares: Balessan, árbol balsámico, balsumodendron gileadensis, bechan, bálsamo de la Meca.
Género: Femenino.
Planeta: Venus.
Elemento: Agua.
Poder: Amor, manifestaciones, protección, curación.
Usos mágicos: Lleve consigo los brotes del bálsamo de gilead para consolar un corazón destrozado, o para atraer un nuevo amor. También puede empaparlo con vino tinto para hacer una sencilla pócima de amor.

Quémelo como base material para los espíritus y llévese con fines curativos o de protección.

BAMBÚ *(Bambusa vulgaris)*

Nombres populares: Bambú común, ohe (hawaiano).
Género: Masculino.
Deidad: Hina.
Poderes. Protección, suerte, deshacedor de hechizos, deseos.
Usos rituales: Se usa en los templos chinos para la adivinación. El sacerdote arroja trocitos de bambú al reverente y según la forma en que caen, el presagio es interpretado como bueno o malo.

Usos mágicos: Grabe su deseo sobre un trozo de bambú y entiérrelo en un lugar apartado. O, grabe un símbolo protector, como una estrella de cinco puntas (pentagrama), sobre un trozo de bambú y plántelo en el patio para proteger su casa y atraer la buena fortuna.

La madera de bambú nunca cambia de color, por lo que se coloca sobre la puerta para atraer buena suerte.

Llamado madera de bamba, el bambú se utiliza para romper embrujos, bien llevándolo en una bolsita o triturándolo hasta hacerlo polvo y quemándolo después.

Los chinos lo usan como hechizo contra los malos espíritus. Para invocar a los buenos espíritus, haga una flauta de bambú. Grabe el nombre del espíritu (si lo hay) y toque una melodía improvisada.

BANANA *(Musa sapientum)*

Nombres populares: Maia (hawaiana)
Género: Femenino.
Planeta: Venus.
Elemento: Agua.
Deidad: Kanaloa.
Poderes: Fertilidad y prosperidad.
Usos rituales: Durante los sacrificios a los dioses en Hawai y Tahití, se usaba a veces como substituto de un ser humano un tallo de bananero, hasta que el kapu (código de tabúes) fue roto en 1819. Ciertas clases de bananas se

hallaban entre los alimentos prohibidos a las mujeres bajo pena de muerte. El bananero también se utiliza en los ritos vudú contemporáneos, en los que representa los dioses, dado que éste y sus flores, son hermafroditas.

Usos mágicos: La banana se emplea para la fertilidad y también para curar la impotencia. Tal vez, debido a estos poderes mágicos, si una novia se casa bajo un bananero será muy afortunada.

Las hojas, flores y frutos del banano se usan para los hechizos de dinero y prosperidad. Una vieja creencia nos cuenta que un bananero nunca debe cortarse, sólo romperse.

BANYAN *(Ficus benghalensis)*

Nombres populares: Higo arqueado. higuera india, árbol del dios indio, árbol vada.

Género: Masculino.

Planeta: Júpiter.

Elemento: Aire.

Deidad: Maui.

Poderes: Suerte.

Usos rituales: El banyán es reverenciado por los hindúes, y el árbol se planta alrededor de sus templos. También está relacionado con la adoración de Maui en las religiones hawaiana y polinesia.

Usos mágicos: Sentarse debajo de un árbol banyán o mirarlo trae buena suerte, y casarse debajo de uno asegura la felicidad de la pareja.

BARDANA *(Arctium lappa)*

Nombres populares: Bardana, botones del mendigo y personata.
Género: Femenino.
Planeta: Venus.
Elemento: Agua.
Poderes: Protección y curación.
Usos mágicos: Se esparce en torno a la casa para ahuyentar las fuerzas negativas. Se añade a los inciensos y hechizos protectores. Recoja raíces de bardana cuando la Luna este en menguante, séquelas y córtelas en trozos pequeños. Unalos con hilo y llévelo puesto para protegerse del mal y las malas influencias. Las hojas de bardana colocadas en las plantas de los pies ayudan a curar la gota.

BAYA CHINA

(Melia azederach) VENENOSA
Poderes: Suerte.
Usos mágicos: Las semillas se usan como encantamientos de buena suerte, y también se llevan consigo para producir algún cambio en su vida.

BE-STILL *(Thevetia nereifolia)*

VENENOSA
Nombres populares: Flor trompeta y adelfa amarilla.
Poderes: Suerte.
Usos mágicos: En Sri Lanka, sus semillas se conocen como "judías de la suerte" y se llevan encima como talismanes o para atraer la suerte.

BELEÑO *(Hyosycamus niger)*

VENENOSO

Nombres populares: Dulcamara negra, casílago, cassilata, deus caballinus, ojo del diablo, isana, semilla de Júpiter, jusquiame (francés), tabaco venenoso y sinfónica.

Género: Femenino.

Planeta: Saturno.

Elemento: Agua.

Usos mágicos: Esta planta venenosa hoy ignorada en la magia de las hierbas debido a su toxicidad, aún se emplea como hierba que atrae el amor: para atraer amor, un hombre desnudo debe cortar la hierba temprano en la mañana, sosteniéndose sobre un solo pie. Si se quema al aire libre, atrae la lluvia, pero el humo que produce es venenoso (sustituir con helecho)

BELLADONA

(Atropa belladonna) VENENOSA

Nombres populares: Cereza negra, belladona, hierba de la muerte, cerezas del Diablo, Divale, fair lady, cerezas del hombre malvado, baya del hechicero, baya de la bruja.

Género: Femenino.

Plancta: Saturno.

Deidades: Hécate, Belona, Circe.

Usos rituales: Según la tradición, los sacerdotes de Belona bebían una infusión de belladona antes de adorarla e invocar su ayuda. Belona es la diosa romana de la guerra.

Usos mágicos: Hoy día la belladona es poco empleada en la magia debido a su alta toxicidad, todas las partes de la planta son extremadamente venenosas y ha producido muertes accidentales por su comsumo.

En el pasado se utilizaba para favorecer la protección astral y producir visiones, pero en la actualidad hay alternativas más seguras.

BENJUÍ *(Styrax benzoin)*

Nombres populares: Ben, Benjamen, benjuí gomoso, benjuí de Siam, benjuí siamés.

Género: Masculino.

Planeta: Sol.

Elemento: Aire.

Poderes: Purificación, prosperidad.

Usos mágicos: Queme benjuí para purificar y añádalo a los inciensos de purificación. Haga un incienso de benjuí, canela y albahaca, y quémelo para atraer clientes al lugar donde tenga su negocio. Con frecuencia se emplea como base para inciensos. El benjuí puede sustituirse por estoraque, con el que está relacionado.

BERBERIS
(Berberis aquifolium)

Nombres populares: Raíz de uva de Oregón, uva de las montañas rocosas, uva silvestre de Oregón, berberis de California.

Género: Femenino.

Planeta: Tierra.

Poderes: Dinero y popularidad.

Usos mágicos: Lleve esta raíz para obtener dinero y seguridad económica y para ganar popularidad.

BETÓNICA
(Betonica officinalis)

Nombres populares: Bischopwort, lousewort y betónica morada.

Género: Masculino.

Planeta: Júpiter.

Elemento: Fuego.

Poderes: Protección, purificación y amor.

Usos mágicos: Muy conocida como hierba protectora y purificadora. En la antigüedad se decía que la planta protegía el alma, así como el cuerpo del portador, y que cuando se ponía debajo de la almohada protegía al durmiente de las

visiones y sueños. La betónica se añade a las mezclas e inciensos de purificación y protección, y es tradicional quemarla en una hoguera en la fiesta de San Juan y después, saltar a través del humo para purificar el cuerpo del mal y de las enfermedades. También se cultiva en los jardines para proteger la casa, y se esparce cerca de las puertas y de las ventanas. Esto forma una especie de muro protector alrededor de la propiedad.

Es una buena planta para hacer requerimientos de amor, y se dice que reconcilia a las parejas en disputa si se añade a la comida. La betónica evita la intoxicación, fortalece el cuerpo y sirve de remedio para la misteriosa enfermedad conocida como "enfermedad del duende".

BISTORTA *(Polygonum bistorta)*

Nombres populares: Dragón, gigante de pascua, serpentina inglesa, osterick y pasiones.

Género: Femenino.

Planeta: Saturno.

Elemento: Tierra.

Poderes: Poderes psíquicos, fertilidad.

Usos mágicos: Para concebir. Quémela con incienso para mejorar los poderes psíquicos o para la adivinación. Se transporta en saquitos y se añade a los inciensos para obtener dinero y riquezas.

BOCADO DEL DIABLO
(Scabiosa succisa)

Género: Masculino.

Poderes: Exorcismo, amor, protección y suerte.

Usos mágicos: Cuando se lleva colgado alrededor del cuello, esta planta aleja los malos espíritus y ofrece protección. También se usa para atraer a las mujeres y da buena suerte.

BODHI *(Ficus religiosa)*

Nombres populares: Arbol bo, Peepul, pipul y árbol sagrado.

Género: Masculino.

Planeta: Júpiter.

Elemento: Aire.

Deidades: Buda y Vishnú.

Poderes: Fertilidad, protección, sabiduría y meditación.

Usos rituales: Esta planta se consagra al dios Vishnú, quien, como Buda, se dice que nació bajo ella. En Oriente, los fuegos sagrados se alimentan con su madera.

Es consagrada a Buda debido a que él estuvo sentado bajo este árbol en meditación durante seis años.

Usos mágicos: Si presiente algún mal cercano, dé varias vueltas alrededor de este árbol y el mal huirá despavorido.

Las mujeres estériles caminan desnudas bajo un bodhi para volverse fértiles. Utilice las hojas en los inciensos para meditación y todas las mezclas concebidas para dar sabiduría.

BONIATO *(Ipomoea tuberosa)*

Nombres populares: Gloria matinal de Ceilán, rosas heladas y parra española.
Poderes: Suerte.
Usos mágicos: Colóquese en la casa para asegurar la buena suerte y la fortuna de sus ocupantes.

BORRAJA *(Borago officinalis)*

Nombres populares: Bugloss, borraja y hierba de la alegría.
Género: Masculino.
Planeta: Júpiter.
Elemento: Aire.
Poderes: Valor y poderes psíquicos.
Usos mágicos: Sus flores tiernas se utilizan para fortalecer el coraje, o lleve una en el ojal para protegerse cuando salga a la calle.

El té de borrajas despierta los poderes psíquicos.

BREZO *(Calluna spp; Erica spp.)*

Nombres populares: Brezo común, brezo y brezo escocés.
Género: Femenino.
Planeta: Venus.
Elemento: Agua.
Deidad: Isis.
Poderes: Protección, suerte y productor de lluvia.
Usos mágicos: Para la defensa contra la violación y otros delitos violentos, o solo para tener buena suerte. Si se quema con el helecho al aire libre, atrae la lluvia.

BROCHA INDIA
(Castilleja spp.)

Nombre popular: Amiga de la serpiente.

Género: Femenino.

Planeta: Venus.

Elemento: Agua.

Poderes: Amor.

Usos mágicos: Las flores de esta planta contienen un fuerte poder para atraer el amor. Deben llevarse en saquitos para encontrar un amante.

BROMELIA *(Crypanthus spp.)*

Nombres populares: Estrella del camaleón y estrella de la tierra.

Género: Masculino.

Planeta: Sol.

Elemento: Aire.

Poder: Protección y dinero.

Usos mágicos: Cultive una bromelia en su hogar para obtener lujo y dinero. También se consideran como plantas protectoras.

BRUONIA *(Bryony spp.)*

Nombres populares: Raíz de cabra, sello de las damas, raíz loca, uva de serpiente, tamus, viña salvaje y viña de la madera.
Género: Masculino.
Planeta: Marte.
Elemento: Fuego.
Poderes: Magia de visualización, dinero y protección.
Usos mágicos: La raíz de ésta planta es utilizada en reemplazo de la raíz de mondragora, la cual es escasa, en diferentes rituales mágicos. El dinero que se coloca cerca de una raíz de bruonia aumentará mientras permanezca allí. También se cuelga la raíz en las casas y jardines para protegerse contra los efectos del mal tiempo.

BUCHU *(Agathosma betulina; Barosma betulina)*

Nombres populares: Bookoo, bucoo, buku, buchú oval y buchú corto.
Género: Femenino.
Planeta: Luna.
Elemento: Agua.
Poderes: Poderes psíquicos y sueños proféticos.
Usos mágicos: Beber una infusión de buchú capacita a la persona a predecir el futuro. Se quema incienso mezclado con buchú antes de acostarse para producir sueños proféticos. Tan solo debe quemarse una pequeña cantidad y habrá de ser dentro de la habitación.

CABELLO DE VENUS
(Adiantum pedatim)

Nombres populares: Helecho de cabello de Venus.

Género: Femenino.

Planeta: Venus.

Elemento: Agua.

Deidad: Venus.

Poderes: Belleza y amor.

Usos mágicos: Sumerja esta planta en agua y luego sáquela. Luego llévela consigo o guárdela en la habitación. Así se le concederá gracia, belleza y amor.

CABEZA DE DRAGÓN
(Antirrhinum majus)

Nombre popular: Hocico de ternero.

Género: Masculino.

Planeta: Marte.

Elemento: Fuego.

Poderes: Protección.

Usos mágicos: Llevar cualquier parte de esta planta sobre su cuerpo impide que la gente le engañe. Si lleva su semilla alrededor del cuello, podrá estar seguro de que nunca le hechizarán. Si está fuera de casa y siente algún mal próximo, pise una cabeza de dragón o coja una de sus flores en la mano hasta que el mal haya pasado. Ponga un jarrón con cabezas de dragón en el altar mientras se celebran los rituales protectores.

Si alguien le ha enviado energía negativa (hechizos, maldiciones, etc.) ponga unas cabezas de dragón sobre el altar y un espejo detrás de ellas. Esta operación devolverá las maldiciones.

CACTUS

Poderes: Protección y castidad.

Usos mágicos: Debido a sus espinas, todas las especies de cactus son protectoras. Si se cultivan en interior, protegen contra intrusos y ladrones, y también absorbe las malas influencias. En el exterior, el cactus debe plantarse orientado a todas las direcciones, próximo a la casa, para que la protección sea aún mayor.

Las espinas del cactus se emplean, a veces, en las botellas de las brujas y para marcar símbolos y palabras en las velas y raíces. Después, éstas se llevan encima o bien se entierran para que liberen su poder.

CALABAZA *(Curcubita spp.)*

Género: Femenino.

Planeta: Luna.

Elemento: Agua.

Poderes: Protección.

Usos mágicos: Las calabazas colgadas de la puerta principal ofrecen protección contra la sugestión. Si se llevan en el bolsillo o en la cartera trozos de calabaza, alejan el mal.

Las calabazas se usan para fabricar maracas (poniendo semillas secas en su interior) que asustan a los espíritus malignos, y una calabaza seca, si se corta por la parte superior y se llena de agua, sirve como bola de cristal.

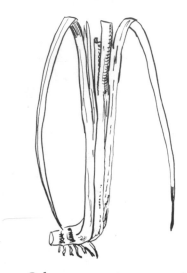

CALAMO AROMÁTICO
(Acorus calamus) VENENOSO.

Nombres populares: Lirio de mirto, hierba de mirto, junco de mirto, caña dulce, lirio dulce, hierba dulce, raíz dulce y junco dulce.

Género: Femenino.

Planeta: Luna.

Poderes: Suerte, curación, dinero y protección.

Usos mágicos: Las semillas del cálamo se cosen como cuentas y se usan para curar; la raíz convertida en polvo se utiliza en inciensos de curación y en saquitos.

Coloque pequeños trozos de raíz en todos los rincones de la cocina para protegerse del hambre y la pobreza. Cultivar esta planta da buena suerte al jardinero; el cálamo también se emplea para fortalecer y unir hechizos.

CALÉNDULA
(Calendula officinalis)

Nombres populares: Novia del Sol, caléndula, borracho, Goldes, hiligolde, Marygold, Spousa Solis y novia del Verano.

Género: Masculino.

Planeta: Sol.

Elemento: Fuego.

Poderes: Protección, sueños proféticos, asuntos legales y poderes psíquicos.

Usos mágicos: La caléndula, cogida al mediodía cuando el sol calienta más y tiene mayor fuerza, fortalece y alivia el corazón.

Las guirnaldas de caléndula colgadas de la puerta impiden que el mal entre en la casa, y esparcidas bajo la cama le protegerán mientras duerme y hará que sus sueños se hagan realidad. También hará que tenga sueños proféticos; especialmente para descubrir a un ladrón que le haya robado.

La caléndula añadida al agua del baño le ayudará a ganar el respeto y la admiración de todos sus conocidos.

Mirar sus flores brillantes fortalece la vista, y si se lleva en el bolsillo, hace que la justicia le sea favorable ante los tribunales.

Si una muchacha toca los pétalos de la caléndula con los pies desnudos, entenderá el idioma de los pájaros.

CALZÓN DE HOLANDÉS
(Dicentra cucullaria)

Poderes: Amor.
Usos mágicos: Para atraer el amor.

CAMELIA *(Camellia japonica)*

Género: Femenino.
Planeta: Luna.
Elemento: Agua.
Poderes: Riquezas.
Usos mágicos: La camelia proporciona lujo y riquezas, y por eso se emplea en este tipo de hechizos. Ponga flores tiernas en recipientes de agua sobre el altar durante la celebración de rituales de dinero y prosperidad.

CAMOMILA *(Anthemis nobilis)*

Nombres populares: Camomila, cha-maimelon, manzana de tierra, heer-mannchen (alemán), manzanilla (español), Maythen y camomila romana.

Género: Masculino.

Planeta: Sol.

Elemento: Agua.

Poderes: Dinero, sueño, amor y purificación.

Usos mágicos: La camomila se usa para atraer dinero y, a veces, los jugadores de cartas se lavan las manos con su infusión para asegurarse las ganancias.

Se utiliza en incienso de meditación y de sueño; también se añade al baño para atraer amor.

Además, es una hierba purificadora y protectora. Cuando se salpica alrededor de la propiedad, ahuyenta los hechizos y maldiciones dirigidos contra usted.

CAMPÁNULA AZUL
(Campanula rotundifolia)

Nombres populares: Campánula.

Poderes: Suerte, verdad.

Usos mágicos: Si puede darle la vuelta a una campánula sin romperla ni dañarla, conseguirá la persona a quien ama. La próxima vez que vea una campánula, arránquela y repita estas palabras:

Campánula, campánula dame un poco
de suerte antes de mañana por la noche.

Introdúzcala en su zapato para sellar el hechizo. Toda persona que la lleve encima se verá obligada a decir la verdad en todo momento.

CANELA
(Cinnamomum zeylanicum)

Nombres populares: Madera dulce.
Género: Masculino.
Planeta: Sol.
Elemento: Fuego.
Deidades: Venus y Afrodita.
Poderes: Espiritualidad, éxito, curación, poder, poderes psíquicos, deseo
sexual, protección y amor.
Usos rituales: El aceite de canela era
usado por los antiguos hebreos como
parte de un aceite sagrado para ungir.
Las hojas del árbol de canela se entre-
lazaban en forma de coronas que se
utilizaban para decorar los antiguos
templos romanos. Los egipcios utili-
zaban el aceite de canela durante el proceso de momificación.

Usos mágicos: Cuando se quema la canela como incienso, origina elevadas vibraciones espirituales, favorece la curación, obtiene dinero,
estimula los poderes psíquicos y produce vibraciones protectoras. La
canela también se emplea para hacer saquitos e infusiones con estos
mismos propósitos.

CAÑA DE AZÚCAR
(Saccharum officinarum)

Nombre popular: Ko (hawaiano)
Género: Femenino.
Planeta: Venus.
Elemento; Agua.
Poderes: Amor y deseo sexual.
Usos mágicos: El azúcar se ha emplea-
do durante mucho tiempo en pociones
de amor y deseo sexual. Mastique un
trozo de caña de azúcar mientras piensa en la persona amada.

El azúcar también se esparce para expulsar el mal y limpiar y purificar los lugares antes de los rituales y hechizos.

CÁÑAMO *(Cannibis sativa)*

Nombres populares: Ganga, hierba, kif, marihuana, tekrouri y mala hierba.

Género: Femenino.

Planeta: Saturno

Elemento: Agua.

Poderes: Curación, amor, visiones y meditación.

Usos mágicos: Hubo un tiempo en que el uso de la marihuana, o cáñamo como vulgarmente se le llama, estuvo muy extendido en la magia. Debido a las leyes dictadas en 1930 que restringieron su uso y venta, muchas de estas prácticas están desapareciendo. Veamos algunos ejemplos.

El cáñamo ha sido empleado durante mucho tiempo en los hechizos de amor y adivinaciones, tales como en el infame "hechizo de cáñamo".

Lleve un manojo de cáñamo a una iglesia a medianoche, preferiblemente a la mitad del verano. Dé nueve vueltas alrededor de la iglesia, esparciendo semilla de cáñamo mientras camina y repitiendo las siguientes palabras:

Cáñamo por mi sembrado, Cáñamo por mi sembrado,
¿Por quién después de mí será cortado?.

Usted tendrá una visión de quién será su futuro esposo (a), y puede que también consiga que la iglesia entre en conflicto con la ley.

El cáñamo formaba parte de muchos inciensos de visión y adivinación por el cristal, pues el humo que emitía despertaba los poderes psíquicos. Para tener visiones se prescribía quemar hierba de S. Juan y cáñamo delante de un espejo mágico. También se añadía a los inciensos de meditación.

En China se hacían látigos de cáñamo que imitaban a las serpientes, con los cuales se azotaba el lecho de los enfermos para hacer salir a los demonios malvados, causantes de la enfermedad.

CAOBA *(Cercocarpus ledifolius)*

Género: Masculino.

Elemento: Fuego.

Poderes: Antirrayos.

Usos mágicos: Utilizado durante mucho tiempo contra el rayo, sobre todo por los montañeros. Según una antigua tradición india (americana),la caoba de montaña habita en las zonas muy elevadas donde mora también el rayo y el trueno. Por eso este árbol ofrece protección contra el rayo. Lleve un trozo de corteza dentro de su sombrero o en algún otro lugar de su atuendo mientras escala una montaña.

CARDAMOMO
(Elettario cardamomum)

Género: Femenino.

Planeta: Venus.

Elemento: Agua.

Deidad. Erzulie.

Poder: Deseo sexual y amor.

Usos mágicos: Las semillas se añaden al vino caliente para hacer una rápida poción de deseo sexual. También se utilizan como ingredientes en los pasteles de manzana para hacer un excelente pastel de amor; además, se añaden a los saquitos e inciensos de amor.

CARDO *(Carduus spp.)*

Nombres populares: Cardo de la dama.
Género: Masculino.
Planeta: Marte.
Elemento: Fuego.
Deidades: Thor y Minerva.
Poderes: Fortaleza, protección, curación, exorcismo y para romper hechizos.
Usos mágicos: Colocar un cuenco de cardos en una habitación fortalece la vitalidad de todo cuanto hay en ella. Lleve un cardo (o parte de él) para obtener energía y fortaleza.

Si se cultivan en el jardín, alejarán a los ladrones, si se cultivan en maceta y se colocan en el umbral protegen contra el mal. Arrojados al fuego, los cardos desvían los rayos de la casa.

Si ha sido víctima de un hechizo, lleve puesta una camisa hecha con fibras hiladas y tejidas de cardo para romperlo. Rellene muñecas con cardos para romper hechizos. Si se esparcen por la casa u edificios se puede exorcizar el mal.

También se emplean en hechizos curativos, y cuando los hombres los llevan se convierten en mejores amantes. Además, eliminan la melancolía. En Inglaterra los magos solían elegir el cardo más alto del arriate para utilizarlo como vara mágica o bastón.

CARDO CORREDOR
(Eryngium spp.)

Nombres populares: Mar sagrado.
Género: Femenino.
Planeta: Venus.
Elemento: Agua.
Poderes: Suerte al viajero, paz, deseo sexual y amor.

Usos mágicos: Este cardo lo llevan consigo los viajeros para que les de seguridad y suerte durante sus viajes.

También tiene la facultad de dar paz si se esparce por un lugar o si se entrega a una pareja que tenga una disputa.

En tiempos pasados se comía para excitar el deseo sexual; además se usa en todo tipo de hechizos de amor.

CARDO SANTO
(Centaurea benedicta)

Nombres populares: Cardo bendito.
Género: Masculino.
Planeta: Marte.
Elemento: Fuego.
Poderes: Purificación y rompedor de hechizos.
Usos mágicos: Lleve el cardo santo para protegerse del mal y échelo en los baños de purificación; también se emplea para romper hechizos.

CAROBA
(Jacaranda procera; Prosopis dulcis)

Nombres populares: Caaroba, caroba, carobinha y chocolate.
Poderes: Protección y salud.
Usos mágicos: Llévese puesta o consigo para conservar la buena salud y para prevenir el mal.

CÁSCARA SAGRADA
(Rhamnus purshiana)
Nombre popular: Corteza sagrada.

Poderes: Asuntos legales, dinero y protección.

Usos mágicos: Salpique una infusión de cáscara sagrada alrededor de su hogar antes de asistir a la vista de un tribunal. Le ayudará a ganar el caso. También se emplea en los hechizos de dinero, y se lleva como amuleto contra el mal y las maldiciones.

CASTAÑO *(Castanea spp.)*
Género: Masculino.

Planeta: Júpiter.

Elemento: Fuego.

Poderes: Amor.

Usos mágicos: Use las castañas en hechizos de amor o déselas a comer al ser amado.

CASTAÑO DE INDIAS
(Aesculus spp.)
VENENOSA

Nombre popular: Castaña.

Género: Masculino.

Planeta: Júpiter.

Elemento: Fuego.

Poderes: Dinero y curación.

Usos mágicos: Para evitar el reumatismo, los dolores de espalda, la artritis y los escalofríos. Lleve tres castañas para evitar el vértigo.

Envuelva una castaña en un billete, métalo en un saquito y llévelo para atraer el dinero. Se hace lo mismo también para obtener éxito en todo.

CEBADA *(Hordeum spp.)*

Género: Femenino.
Planeta: Venus.
Elemento: Tierra.
Poderes: Amor, curación, protección.
Usos mágicos: Use el grano o agua de cebada en los hechizos de amor.

La cebada puede curar el dolor de dientes. Envuelva una paja de cebada alrededor de una piedra y visualice que su dolor se encuentra dentro de la piedra. Luego arrójela a un río o agua corriente y vea como su dolor se va con el agua. La cebada puede ser esparcida por el suelo para mantener alejados el mal y las fuerzas negativas.

CEBOLLA *(Altium cepa)*

Nombres populares: Yn-leac, Oingnum, Onyoun, Unyoun.
Género: Masculino.
Planeta: Marte.
Elemento: Fuego.
Deidad: Isis.
Poderes: Protección, exorcismos, curación, dinero, sueños proféticos y deseo sexual.
Usos rituales: Según algunos expertos de la antigüedad, la cebolla era adorada en algunas ciudades del antiguo Egipto, y a veces se invocaba mientras se tomaban juramentos.

Usos mágicos: Cubra una pequeña cebolla blanca con alfileres de cabeza negra y póngala en la ventana. Esto protegerá la casa contra cualquier intruso. Sus hojas son decorativas y protectoras, y pueden secarse y ponerse en el hogar para construir un atractivo amuleto protector.

Si se lleva, la cebolla da protección contra los animales venenosos. Cultivada en macetas o en el jardín también protege del mal.

Las cebollas cortadas por la mitad o en cuatro trozos, dentro de la casa, absorben el mal y la energía negativa, al igual que la enfermedad.

Para curar, frote el borde cortado de una cebolla contra la zona afectada del cuerpo, mientras visualiza como la enfermedad penetra en la cebolla. Luego, destruya la cebolla (quémela o hágala pedazos y entiérrela). En Nueva Inglaterra se colgaban ristras de cebollas de las puertas para protegerse de las infecciones; durante mucho tiempo se han puesto cebollas cortadas bajo el fregadero de la cocina con la misma finalidad. Para curar verrugas, frótelas con un trozo de cebolla y tírelo por encima de su hombro derecho. Una cebolla roja grande atada a la pata de la cama protege a sus ocupantes de la enfermedad y favorece su restablecimiento.

Nunca tire al suelo la piel de cebolla; si lo hace, tirará por tierra su prosperidad. En vez de eso, quémelas en la chimenea o en la estufa para atraer las riquezas.

Colocar una cebolla bajo la almohada puede producir sueños proféticos. Si se ve obligado a tomar una decisión, grabe sus opciones sobre cebollas, una cebolla por cada opción. Déjelas en un lugar oscuro. La primera que retoñe será la respuesta.

Algunos expertos afirman que comer cebollas "provoca el desenfreno sexual", es decir, produce deseo sexual.

Los cuchillos y espadas mágicas se purifican frotando sus hojas con cebollas recién cortadas. Si se tira una cebolla tras una novia, se arrojarán sus lágrimas.

CEDRO *(Cedrus libani o C. spp.)*

Género: Masculino.
Planeta: Sol.
Elemento: Fuego.
Poderes: Curación, purificación, dinero y protección.
Usos mágicos: El humo del cedro es purificador y cura la tendencia a tener malos sueños. Se queman ramitas de cedro y se machacan, o bien se hacen inciensos para curar los enfriamientos de cabeza; algunos indios americanos las ponen sobre rocas calientes en los baños de sudor con fines purificadores.

El cedro colgado en el hogar lo protege del rayo. Un palo de cedro tallado con tres puntas, se clava en la tierra con las puntas hacia arriba, cerca del hogar, para protegerlo de todo mal.

Si se guarda un trozo de cedro en el monedero o bolsillo atraerá dinero; también se usa en los inciensos de dinero.

Se añade a los saquitos de amor y se quema para inducir los poderes psíquicos. (Nota: el enebro se usa, con frecuencia, en lugar del cedro)

CELIDONIA

(Chelidonium majus)

Nombres populares: Celidonia, chelidonimum, leche del diablo, celidonia de jardín, celidonia mayor y hierba de golondrina.
Género: Masculino.
Planeta: Sol.
Elemento: Fuego.
Poderes: Protección, fuga, felicidad y asuntos legales.
Usos mágicos: Ayuda a solucionar encarcelamientos injustificados. Llévese cerca de la piel y reemplaselo cada tres días con este fin. Proporciona alegría, y cura la depresión.

Llévela a un tribunal para conseguir el favor del juez o del jurado, o como hierba protectora.

CENTAURA
(Centaurium spp.)
Nombres populares: Escalera de Cristo y hierba de la fiebre.
Género: Masculino.
Planeta: Sol.
Elemento: Fuego.
Poderes: Ahuyenta las serpientes.
Usos mágicos: El humo que produce la centaura cuando se quema, aleja las serpientes.

CENTENO *(Secale spp.)*
Género: Femenino.
Planeta: Venus.
Elemento: Tierra.
Poderes: Amor y fidelidad.
Usos mágicos: Los gitanos utilizan el centeno en los hechizos de amor. Servir pan de centeno a los seres amados asegura su amor.

CENTINODIA
(Polygonum aviculare)
Nombres populares: Armstrong, centinodia, hierba de vaca, hierba de cerdo, hierba nudosa, noventa nudos y lengua de gorrión.
Género: Femenino.
Planeta: Saturno.
Elemento: Tierra.
Poderes: Ataduras y salud.
Usos mágicos: Sostenga en la mano un poco de hierba nudosa para "atajar" desgracias y aflicciones. Vierta sus problemas en la hierba; vea como los absorbe y, después, quémela. Tambieen Fortalece y protege los ojos.

CEREALES

Poderes: Protección.

Usos mágicos: Esparza cereales por toda la habitación para protegerse del mal. Para proteger a los niños cuando estén lejos de usted (por ejemplo, en la escuela), arroje un puñado de cereales tras ellos cuando se marchen. Asegúrese que no le ven hacerlo.

CEREZA

(Prunus avium)

Nombres populares: Cereza dulce.

Género: Femenino.

Planeta: Venus.

Elemento: Agua.

Poderes: Amor y adivinación.

Usos mágicos: La cereza se ha empleado mucho tiempo para estimular el amor o atraerlo. Un hermoso y sencillo

hechizo japonés para atraer amor dice: Ata un mechón de tu cabello a un cerezo en flor.

Para averiguar cuántos años vivirá, de vueltas corriendo alrededor de un cerezo lleno de cerezas maduras y, luego, sacúdalo. El número de cerezas que caigan representa el número de años que le quedan por vivir. (Asegúrese de sacudirlo con fuerza)

El jugo de cereza también se usa como sustituto de la sangre, cuando ésta se requiera en viejas recetas.

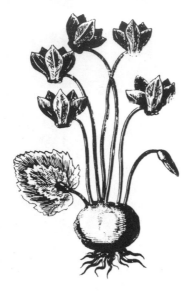

CICLAMEN *(Cyclamen spp.)*

Nombres populares: Pan de tierra y Pain-de-porceau (francés: pan de cochino)

Género: Femenino.

Planeta: Venus.

Elemento: Agua.

Deidad: Hécate.

Poderes: Fertilidad, protección, felicidad y deseo sexual.

Usos mágicos: Cuando se cultiva dentro del dormitorio, esta planta protege al durmiente, y se dice que donde crece ningún mal hechizo podrá tener efecto.

El ciclamen también se utiliza para estimular la concepción y suscitar pasiones. Sus flores se emplean para quitar las penas del corazón.

CICUTA *(Conium maculatum)*
VENENOSA

Nombres populares: Perejil venenoso y agua de perejil.

Género: Femenino.

Planeta: Saturno.

Elemento: Agua.

Deidades: Hécate.

Usos mágicos: Planta venenosa. Fue una vez utilizada en magia para producir la protección astral, y en hechizos para destruir los impulsos sexuales. Se untaban con su jugo los cuchillos y las espadas mágicas para cargarlas de poder y purificarlas antes de ser utilizadas.

CIDRA *(Citrus medica)*
Género: Masculino.
Planeta: Sol.
Elemento: Aire.
Poderes: Poderes psíquicos y curación.
Usos mágicos: Comer cidra aumenta los poderes psíquicos. También se utiliza en hechizos e incienso curativos.

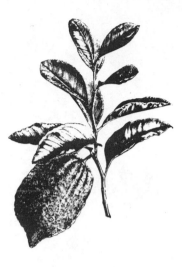

CINCHONA
(Cinchona ledgeriana o C. succirubra)
Poderes: Suerte y protección.
Usos mágicos: Un trozo de corteza da suerte y protege del mal y al cuerpo de resultar lastimado.

CINOGLOSA
(Cynoglossum officinale)
Nombres populares: Lengua de perro, flor de gitano y piojos de oveja.
Género: Masculino.
Planeta: Marte.
Elemento: Fuego.
Poderes: Para atar la lengua de los perros.
Usos mágicos: Si se pone en un zapato evitará que los perros le ladren.

CIPRÉS *(Cupressus sempervirens)*
Nombres populares: Arbol de la muerte.
Género: Femenino.
Planeta: Saturno.
Elemento: Tierra.
Deidades: Mitra, Plutón, Afrodita, Ashtoreth, Artemis, Apolo, Cupido, Júpiter, Hécate, Hebe y Zoroastro.
Poderes: Longevidad, curación, comodidad y protección.
Usos rituales: Los antiguos minoicos adoraban al ciprés como un símbolo divino, y extendieron el culto desde Creta. La madera de ciprés se empleó en Egipto para construir sarcófagos.
Usos mágicos: El ciprés deberá usarse en momentos críticos, sobre todo a la muerte de un amigo o pariente. Tranquiliza y alivia la pena si se lleva consigo a un funeral.

Es un árbol protector si crece cerca del hogar; las ramas de ciprés se utilizan para proteger o bendecir.

Dado que el ciprés es símbolo de eternidad e inmortalidad, su madera se ha utilizado durante mucho tiempo para alargar la vida.

Para fabricar una vara curativa de ciprés, corte lentamente, durante un período superior a tres meses, una rama de ciprés. Esta se denomina "tronco curativo" y solo debe usarse en rituales de curación. Haga unos pases sobre la persona enferma, toque la zona afectada y, luego, meta la punta en el fuego para purificarla. También se usa en invocaciones a los dioses. La raíz y los "conos" del ciprés son también curativos, al igual que la verdura cuando se seca y se quema como incienso.

Arroje una ramita de ciprés a una tumba para dar al difunto suerte y amor en el más allá.

CIRUELA *(Prunus domesticus)*

Género: Femenino.
Planeta: Venus.
Elemento: Agua.
Poderes: Amor y protección.
Usos mágicos: Las ramas de ciruela se colocan sobre puertas y ventanas para guardar la casa de intrusiones malignas. Esta fruta se come para inspirar amor o conservarlo.

CIRUELA SILVESTRE
(Prunus americana)

Género: Femenino.
Planeta: Venus.
Elemento: Agua.
Poderes: Curación.
Usos mágicos: Los indios dakota de Norteamérica utilizaban los brotes de la ciruela silvestre para fabricar bastones de orar. Los brotes se pelaban y pintaban, y se adhería una ofrenda en la parte superior del bastón. Se hacían para personas enfermas y se erguían alrededor del altar o se clavaban en el exterior para los dioses.

Cualquiera puede adaptar esta misma idea con un poco de imaginación.

CLAVEL *(Dianthus carophyllus)*

Nombres populares: Alhelí, flor de Júpiter, Nelca y flor de cadalso.

Género: Masculino.

Planeta: Sol.

Elemento: Fuego.

Deidad: Júpiter.

Poderes: Protección, fuerza y curación.

Usos mágicos: Se llevaba en la época isabelina para evitar llegar a una muerte intempestiva en el cadalso; los claveles se pueden usar en hechizos para fines protectores.

Se ponen en la habitación de un enfermo convaleciente para darle fuerza y energía, y también se emplean en hechizos curativos. Igualmente, poner claveles tiernos (mejor rojos) en el altar durante los rituales de curación y añadir flores secas a los saquitos e incienso con el mismo propósito.

CLAVO *(Syzygium aromaticum o Caryophyllus aromaticus)*

Género: Masculino.

Planeta: Júpiter.

Elemento: Fuego.

Poderes: Protección, exorcismo, amor y dinero.

Usos mágicos: Quemado como incienso, el clavo atrae riquezas, elimina las fuerzas hostiles y negativas, produce vibraciones espirituales y purifica el lugar.

Queme clavo como incienso para impedir que los demás le critiquen a sus espaldas.

Atrae el sexo opuesto y proporciona consuelo a los afligidos.

COCO *(Cocos nucifera)*

Género: Femenino.

Planeta: Luna.

Elemento: Agua.

Poderes: Purificación, protección y castidad.

Usos mágicos: El coco se ha venido usando durante mucho tiempo en los hechizos de castidad y en rituales protectores.

Un coco puede partirse por la mitad, extraer su jugo, llenarse con las hierbas protectoras adecuadas y cerrarse herméticamente, luego enterrarlo para que proteja su propiedad. Cuelgue un coco entero dentro de su hogar para protegerlo.

COL FÉTIDA

(Symplocarpus foetidus)

Nombres populares: Col de pradera, hierba fétida y col de pantano.

Género: Femenino.

Planeta: Saturno.

Elemento: Agua.

Poderes: Asuntos legales.

Usos mágicos: Una pequeña cantidad de col fétida envuelta en una hoja de laurel un día de domingo forma un talismán que atrae la buena suerte a su portador. También es de gran eficacia en los casos judiciales.

COLA DE CABELLO
(Equisetum spp.)

Nombres populares: Sarpullido holandés, gaitas del prado, brocha de botella.
Género: Femenino.
Planeta. Saturno.
Elemento: Tierra.
Poderes: Fertilidad.
Usos mágicos: La cola de caballo se emplea en pócimas de fertilidad, o bien se coloca en el dormitorio con ese propósito.

COLZA *(Brassica rapa)*

Género: Femenino.
Planeta: Luna.
Elemento: Tierra.
Poderes: Protección y final de relaciones.
Usos rituales: En la fiesta de Samhain (31 de octubre) se vaciaban grandes colzas o nabos y se encendían velas en su interior. Se llevaban consigo o se ponían en las ventanas para asustar a los malos espíritus.
Usos mágicos: Si tiene usted un admirador y no puede convencerle que le deje en paz, ponga un plato de nabos delante de él o ella. Comprenderán la indirecta. Poner nabos en la casa le protegerán de toda energía negativa.

COMINO *(Cumimum cyminum)*

Nombres populares: Cumino y cumino aigro.

Género: Masculino.

Planeta: Marte.

Elemento: Fuego.

Poderes: Protección, fidelidad, exorcismo y antirrobo.

Usos mágicos: En Alemania e Italia se pone comino en el pan para evitar que los espíritus de los bosques lo roben. La semilla de comino posee también el "don de retención", por ejemplo, impedirá el robo de cualquier objeto que lo contenga. El comino se quema con incienso para obtener protección, y se esparce por el suelo, a veces con sal, para alejar el mal. También lo llevan las novias para apartar de la boda las fuerzas negativas.

Se emplea en los hechizos de amor, y cuando se entrega a un amante fomentará la fidelidad. Su semilla se empapa con vino para hacer pociones de deseo sexual. Si se lleva consigo, proporciona paz mental; si planea cultivar esta planta, tenga presente que hay que maldecir mientras planta la semilla para obtener una buena cosecha.

CONFERVA

(Symphytum officinale)

Nombres populares: Consolida, consound, planta gomosa, hierba curativa, hierba milagrosa, raíz deslizante y yalluc.

Género: Femenino.

Planeta: Saturno.

Elemento: Agua.

Poderes: Seguridad al viajar y dinero.

Usos mágicos: Coloque un poco en su equipaje para que no se pierda ni lo roben cuando viaja. Su raíz se usa en encantamientos de dinero.

COPAL *(Bursera odorata)*

Género: Masculino.
Planeta: Sol.
Elemento: Fuego.
Poderes: Amor y purificación.
Usos mágicos: El copal se añade a los inciensos de amor y de purificación, sobre todo en México.

Un trozo de copal sirve para representar el corazón de las muñecas.

CORAZÓN SANGRANTE
(Dicentra spectabilis o D. formosa)

Género: Femenino.
Planeta: Venus.
Elemento: Agua.
Poderes: Amor.
Usos mágicos: Exprima la flor. Si el jugo es rojo, su amante tiene el corazón palpitando de amor por usted. Pero si es blanco, no le ama. Cuando se cultiva, la planta proporciona amor.

Cuando se cultiva en interiores, tiene fama de producir vibraciones negativas. Para prevenir esto, entierre una moneda y todo irá bien.

CORNEJO *(Cornus florida)*

Nombres populares: Cornejo de Florida, cornejo floreciente, osier verde y cornejo de Virginia.

Poderes: Deseos y protección.

Usos mágicos: Coloque la savia del cornejo en un pañuelo el día antes a la fiesta de San Juan (24 de junio). Si lleva el pañuelo en todo momento, le será concedido cualquier deseo que halla solicitado. Las hojas del cornejo (o la madera) se colocan en los amuletos protectores.

CORTEZA DE INVIERNO
(Drimys winteri)

Nombres populares: Corteza de invierno verdadera, wintera, wintera aromática y cinamomo de invierno.

Poderes: Exito.

Usos mágicos: Lleve consigo o queme la cáscara de invierno para asegurarse el éxito en todos los entretenimientos.

CRISANTEMO
(Chrysanthemum spp.)

Nombre popular: Mum.

Género: Masculino.

Planeta: Sol.

Poder: Protección.

Usos mágicos: Beba una infusión de crisantemos para curar la embriaguez.

Llevar sus flores protege contra la ira de los dioses, y cuando se cultivan en el jardín, los crisantemos lo protegen de los malos espíritus.

CUASIA DE JAMAICA
(Picraena excelsa)
Poderes: Amor.
Usos mágicos: Esta planta se usa en mezclas de amor para atraerlo y conservarlo. La madera pulverizada se emplea como base para inciensos.

CUBEBA *(Piper cubeba)*
Género: Masculino.
Planeta: Marte.
Elemento: Fuego.
Poder: Amor.
Usos mágicos: Sus bayas se emplean en saquitos y hechizos de amor.

CULANTRO
(Coriandrum sativum)
Nombres populares: Perejil chino, cilantro, cilentro, culantro.
Género: Masculino.
Planeta: Marte.
Elemento: Fuego.
Poderes: Amor, salud y curación.
Usos mágicos: El culantro se ha usado mucho tiempo en los saquitos y hechizos de amor. Añada las semillas pulverizadas al vino caliente para fabricar una poción de deseo sexual.

Las semillas se emplean para curaciones, calmar dolores de cabeza y, con este fin, ha de llevarse consigo. Si una mujer embarazada come culantro, su hijo será ingenioso.

CÚRCUMA *(Cucurma longa)*

Nombre popular: Olena (Hawaiana)
Poderes: Purificación.

Usos mágicos: La cúrcuma se ha empleado en la magia hawaiana para purificar; se mezcla agua con sal y cúrcuma y, después, se rocía por el lugar que va a ser purificado, a veces con una hoja de té.

La cúrcuma también se salpica algunas veces sobre el suelo o alrededor del círculo mágico para protegerlo.

CURRY (CARI) *(Murraya koenigii)*

Género: Masculino.
Planeta: Marte.
Elemento: Fuego.
Poder: Protección.

Usos mágicos: Queme curry (planta específica, no la mezcla de especies usadas en cocina) al anochecer para alejar las malas influencias.

CUSCUTA *(Cuscuta glomurata o C. europaea)*

Nombres populares: Hierba de mendigo, agallas del Diablo, hierba de fuego, hierba del infierno, lazos de la dama, viña del amor y pelo de bruja.
Género: Femenino.
Planeta: Saturno.
Elemento: Agua.
Poderes: Adivinación amorosa y magia de los nudos.

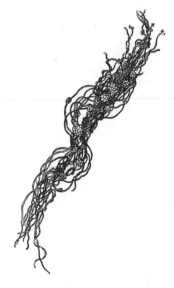

Usos mágicos: Arranque la cuscuta, tírela por encima del hombro de nuevo sobre la anfitriona planta. Regrese al lugar al día siguiente. Si la cuscuta ha vuelto a agarrarse de la planta, la persona en cuestión la ama. En caso negativo, no le ama. Use los "lazos" como cordeles en la magia de los nudos (no los apriete demasiado).

CHALOTE *(Allium spp.)*

Género: Masculino.
Planeta: Marte.
Elemento: Fuego.
Poderes: Purificación.
Usos mágicos: Ponga chalotes en el baño para curar las desgracias.

DAMIANA *(Turnera diffusa o T. aphrodisiaca)*

Nombre populares: Damiana mexicana.
Género: Masculino.
Planeta: Marte.
Elemento: Fuego.
Poderes: Deseo sexual, amor y visiones.
Usos mágicos: Se utiliza tanto en las infusiones de deseo sexual como en los hechizos del mismo tipo. También se quema para producir visiones.

DATILERO *(Phoenix dactylifera)*

Género: Masculino.
Planeta: Sol.
Elemento: Aire.
Deidades: Taht, Apolo, Artemis, Hécate, Isis y Ras.
Poderes: Fertilidad y potencia.
Usos mágicos: Conocido como árbol de la fertilidad, debido a la cantidad de fruto que produce. Los dátiles o los trozos de sus hojas se llevan con ese propósito; los dátiles se comen para aumentar la fertilidad, y las semillas ayudan a los hombres a recuperar su potencia sexual.

La palmera protege de las inclemencias del tiempo, y conservar una hoja de palmera cerca de la entrada del hogar impide que entre el mal.

DATURA *(Datura spp.)*

VENENOSA

Nombres populares: Manzana del diablo, flor fantasma, manzana loca, hierba loca, hierba de la bruja toloache, dedal de brujas, yerba del diablo.
Género: Femenino.
Planeta: Saturno.
Elemento: Agua.
Poderes: Sueño, protección y deshacer hechizos.
Usos rituales: Empleada por siglos en prácticas chamánicas y religiosas. Los aztecas consideraban esta planta sagrada.
Usos mágicos: Rompa encantamientos salpicándola por toda la casa. Protege contra los malos espíritus. Si padece de insomnio, puede curarse poniendo sus hojas en cada zapato, orientando las puntas de éstos hacia la pared más próxima. La datura es extremadamente venenosa, no la coma. La piel puede irritarse al contacto.

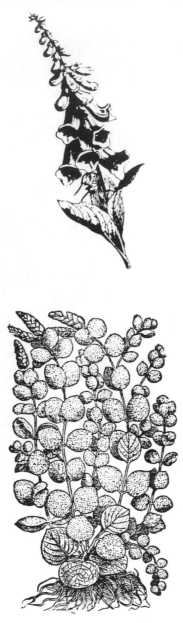

DEDALERA

(Digitalis purpurea) VENENOSA

Nombres populares: Campanillas de los muertos, digital, dedo de perro, dedos de hada, dedales de hada, hierba de hada, campanillas de zorro, foxes glofa, gran hierba, boca de león, luzmore, guantes de nuestra señora, dedales de bruja.

Género: Femenino.

Planeta: Venus.

Elemento: Agua.

Poderes: Protección.

Usos mágicos: Si se cultiva en el jardín protege éste y también la casa. Es una planta venenosa, no la ingiera.

DÍCTAMO CRÉTICO

(Dictamus origanoides)

Género: Femenino.

Planeta: Venus.

Elemento: Agua.

Poderes: Manifestaciones y proyecciones astrales.

Usos mágicos: El díctamo, si se quema, es una excelente base para las manifestaciones de espíritus; los fantasmas aparecen entre el humo que sale del incensario. También se mezcla con vainilla, benjuí y sándalo en igual proporción. Queme una pequeña cantidad antes de intentarlo.

El jugo de díctamo aleja a los animales venenosos; por tanto, esparza un poco sobre su cuerpo antes de aventurarse a ir donde éstos habitan.

DIENTE DE LEÓN
(Taraxacum officinalis)

Nombres populares: Diente de león, Piss-a-Bed, coronilla de sacerdote, morro de cerdo, endibia blanca y endibia silvestre.

Género: Masculino.

Planeta: Júpiter.

Elemento: Aire.

Deidad: Hécate.

Poderes: Adivinación, deseos e invocación de espíritus.

Usos mágicos: Para averiguar cuántos años vivirá, sople las semillas que se encuentran en la cabeza de un diente de león. Vivirá tantos años como semillas hayan quedado.

Para saber la hora: sople tres veces las semillas de la cabeza. El número de semillas que quede será la hora.

La raíz, seca, tostada y molida como el café, sirve para hacer té. Esta infusión estimulará los poderes psíquicos. Este mismo té, humeante y colocado junto a la cama, invocará a los espíritus.

Para enviar un mensaje a la persona amada, sople las semillas en la dirección que ésta se encuentre y visualice su mensaje.

El diente de león, enterrado en el lado norte de la casa, trae vientos favorables.

DONDIEGO DE DÍA

(Ipomoea spp.) VENENOSO

Género: Masculino.

Planeta: Saturno.   ·

Elemento: Agua.

Poderes: Paz y felicidad.

Usos mágicos: Ponga sus semillas bajo la almohada para que desaparezcan las pesadillas. Si se cultiva en el jardín, esta planta proporciona paz y felicidad.

Su raíz puede usarse como sustituto de la raíz de Juan el Conquistador.

DULCAMARA

(Celastrus scandens o Solanum dulcamara) VENENOSA

Género: Masculino.

Planeta: Mercurio.

Elemento: Aire.

Poderes: Protección, curación.

Usos mágicos: Un poco de dulcamara colocada bajo la almohada le ayudará a olvidar un viejo amor. Ate un trocito de ésta hierba en algún lugar del cuerpo de las personas o animales para protegerlos y ahuyentar el mal

Atada al cuello, la dulcamara cura el vértigo y el aturdimiento.

DULSE *(Rhodymenia palmata)*

Género: Femenino.

Planeta: Luna.

Elemento: Agua.

Poderes: Deseo sexual y armonía.

Usos mágicos: Añádase a las bebidas para provocar deseo sexual. Esparcido alrededor de la casa fomenta la armonía.

Se emplea en rituales marinos; se arroja sobre las olas para aplacar a los espíritus del mar. Se lanza también desde lugares elevados para entrar en contacto con los espíritus del viento.

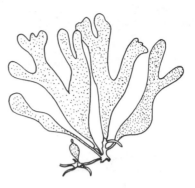

EBANO *(Diospyros lotus)*

Nombres populares: Lama (Hawai) y madera de obeah.

Poderes: Protección y poder.

Usos mágicos: La madera de ébano es protectora y por tal razón se utiliza para fabricar amuletos. Las varas de ébano confieren al mago un poder puro y sin mezcla. ¡No se cobije bajo este árbol durante una tormenta!

ECHINACEA
(Echinacea augustifolia)

Nombres populares: Rubdeckia, Sansón negro, flor de cono.

Poderes: Da fuerza a los hechizos.

Usos mágicos: La echinacea era utilizada por los indios americanos como ofrenda a los espíritus para obtener seguridad y fortalecer los hechizos.

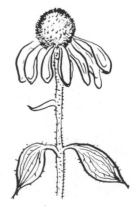

EDELWEISS (FLOR DE NIEVE)
(Leontopodium alpinum)

Poderes: Deseos.

Usos mágicos: Esta flor le concederá sus deseos más profundos, solo tiene que plantarla y cuidarla.

ELÉBORO NEGRO
(Helleborus niger) VENENOSO

Nombres populares: Melampodo.

Género: Femenino.

Planeta: Saturno.

Elemento: Agua.

Usos mágicos: Es usado en rituales de exorcismo, y en el pasado se empleaba para inducir a la proyección astral. Su uso es bastante peligroso.

ENDIBIA *(Cichorium endivia)*

Género: Masculino.

Planeta: Júpiter.

Elemento: Aire.

Poderes: Deseo sexual y amor.

Usos mágicos: Se lleva como un talismán para atraer el amor. Se utiliza fresca y debe sustituirse cada tres días.

También se sirve en ensaladas para provocar el deseo sexual.

ENDRINO *(Prunus spinosa)*

Nombres populares: Madre del bosque y espino de los deseos.
Género: Masculino.
Planeta: Marte.
Elemento: Fuego.
Poderes: Exorcismo y protección.
Usos mágicos: Colgado de la entrada o llevado consigo, el endrino ahuyenta el mal y la calamidad, expulsa a los demonios y las vibraciones negativas.

Su madera se emplea para fabricar varas adivinatorias y varas de los deseos. Estas últimas se utilizan en todo tipo de hechizos.

ENEBRO *(Juniperus communis)*

Nombres populares: Gemeiner wachholder (alemán), ginebra, baya de la ginebra, ginepro, planta de la ginebra.
Género: Masculino.
Planeta: Sol.
Elemento: Fuego.
Poderes: Protección, antirrobo, amor, exorcismo y salud.
Usos mágicos: Utilizado en Europa como hierba protectora. Protege del robo. Quizás fue uno de los primeros inciensos empleados por las brujas del mediterráneo. El enebro se cuelga de las puertas como protección contra las fuerzas malignas y se quema en los ritos exorcistas. Una ramita de esta planta protege a su portador de accidentes y ataques por animales salvajes. También defiende de las enfermedades y de los fantasmas.

El enebro se añade a las mezclas de amor, y sus vayas se llevan para aumentar la potencia viril. Cuando se lleva o se quema, favorece los poderes psíquicos. También ahuyenta a las serpientes.

ENELDO *(Anethum graveolens)*

Nombres populares: Anero, yerba de eneldo y eneldo de jardín.

Género: Masculino.

Planeta: Mercurio.

Elemento: Fuego.

Poderes: Protección, dinero, deseo sexual y amor.

Usos mágicos: Esta hierba es protectora cuando se cuelga de la puerta y cuando se lleva en saquitos. Colocada en la cuna de un bebé, le protege. Y si se coloca sobre la puerta, no podrá entrar en su casa nadie envidioso o con malas intenciones.

El eneldo, debido a la cantidad de semillas que la planta produce, se utiliza en hechizos de dinero. Añadido al baño, hace irresistible a la persona, y si se come o se huele estimula el deseo sexual. Es una conserva popular. Su olor cura el hipo.

ENULA CAMPANA

(Hinula helenium)

Nombres populares: Helenio, acedera enana, acedera de terciopelo y giradol silvestre.

Género: Masculino.

Planeta: Mercurio.

Elemento: Aire.

Poderes: Amor, protección y poderes psíquicos.

Usos mágicos: El helenio atrae el amor.

Cosa algunas hojas o flores en tela de color rosa, o construya un saquito.

También se lleva como protección, y la hierba quemada lentamente sobre carbón ayuda a aguzar los poderes psíquicos.

ERICACEA *(Gaylussacia spp.)*

Género: Femenino.

Planeta: Venus.

Elemento: Agua.

Poderes: Suerte, protección, magia de los sueños y para romper hechizos.

Usos mágicos: Si se pone en saquitos y se llevan consigo, las hojas dan suerte. También preservan del mal y rompen hechizos y maldiciones.

Para que todos sus sueños se hagan realidad, queme las hojas en su dormitorio antes de acostarse. En siete días verá los resultados.

ESCILA *(Urginea scilla)*

Nombres populares: Escila roja, cebolla marítima y escila blanca.

Género: Masculino.

Planeta: Marte.

Elemento: Fuego.

Poderes: Dinero, protección y rompe hechizos.

Usos mágicos: La escila, o cebolla marítima, se ha venido empleando en magia desde la antigüedad. Para proteger su casa, cuélguela sobre la ventana. Para atraer dinero, ponga una en un recipiente o caja y añada unas monedas de plata. Si cree que le han hecho una maldición, lleve consigo una escila y romperá el hechizo.

ESCROFULARIA
(Scrophularia nodosa)

Género: Femenino.

Planeta: Venus.

Elemento: Agua.

Poderes. Salud y protección.

Usos mágicos: Colgada del cuello, la escrofularia mantiene sano a su portador y le protege del mal de ojo. Esta planta se ahuma en las hogueras del día de San Juan y luego se cuelga en la casa por sus poderes protectores.

ESPINO *(Crataegus oxacantha)*

Nombres populares: Arbol de pan y queso, mayo, arbusto de mayo, flor de mayo, avellanos, árbol de castidad, carne de las damas, mitades.

Género: Masculino.

Planeta: Marte.

Elemento: Fuego.

Deidades: Fertilidad, castidad, magia de la pesca y felicidad.

Usos rituales: El espino se utilizaba en la antigüedad para decorar los palos de mayo. También se creía que los espinos eran brujas que se habían transformado en árboles. También bailaban y llevaban a cabo sus ritos bajo el espino.

Usos mágicos: Para aumentar la fertilidad. Debido a esta propiedad se ha asociado con las bodas. Las hojas colocadas debajo del colchón o alrededor de la cama se usan para conservar la castidad. Es bueno llevarla en un saquito cuando se sale a pescar, y si se lleva encima, aumenta la felicidad en las personas preocupadas, deprimidas o tristes.

El espino protege del rayo y de espíritus malignos. También es poderosa para proteger la casa de los daños producidos por las tormentas. Los romanos ponían espino en las cunas de los bebés para preservarlos de los malos encantamientos.

ESPINO CERVAL
(Rhamnus spp.)

Género: Femenino.
Planeta: Saturno.
Elemento: Agua.
Poderes: Protección, exorcismo, deseos y cuestiones legales.

Usos mágicos: Las ramas del espino cerval colocadas cerca de las puertas y ventanas ahuyentan todos los encantamientos y sortilegios.

Una leyenda afirma que si se salpica esta planta formando un círculo y luego se baila dentro de él bajo la Luna llena, aparecerá un duende. El danzarín deberá advertir la presencia del duende y decir: "deténte y concédeme un favor", antes que la criatura desaparezca. El duende concederá un deseo. Sin embargo, no puedo garantizar que esto suceda.

El espino cerval se emplea en asuntos legales (llevándolo al tribunal, etc.) y para atraer la suerte en general.

ESPLIEGO
(Lavendula officinale o L. vera)

Nombres populares: Hoja duende, nard, nardo y espiga.
Género: Masculino.
Planeta: Mercurio.
Elemento: Aire.

Poderes: Amor, protección, sueño, castidad, longevidad, purificación, paz y felicidad.
Usos mágicos: Utilizado por mucho tiempo en hechizos y saquitos de amor. Frotar las ropas con las flores fragantes (o poner espliego en los cajones donde se guarda la ropa) atrae el amor. Una hoja de papel sobre la que haya frotado espliego es excelente para escribir cartas de amor. El olor del espliego atrae particularmente a los hombres. Hace cientos de años las

prostitutas llevaban agua de espliego (lavanda) o esencia para manifestar su profesión. También protege del trato cruel del esposo.

Estas flores también se queman lentamente para inducir al sueño y al descanso, y se esparcen por toda la casa para mantener la tranquilidad. Esta planta es tan potente que si se la mira fijamente cuando se atraviesa una depresión, todas las penas desaparecerán y el observador se ve inundará con un sentimiento de júbilo.

Su olor favorece la longevidad, y por eso debe olerse con la mayor frecuencia posible si eso es lo que se desea.

El espliego también se emplea en las mezclas curativas, se lleva para ver fantasmas y para protegerse del mal de ojo. Se coloca en los baños purificadores.

Durante el Renacimiento se creía que, junto con el romero, conservaba la castidad de la mujer.

Un deseo: coloque espliego sobre su almohada mientras piensa en su deseo. Hágalo antes de irse a dormir. Por la mañana si ha soñado con algo relacionado con su deseo, se hará realidad. Si no sueña o si el sueño no estuviera relacionado con su deseo, no se manifestará.

ESPUELA DE CABALLERO
(Delphinium spp.)

Nombres populares: Delphinium.

Género: Femenino.

Planeta: Venus.

Elemento: Agua.

Poderes: Salud y protección.

Usos mágicos: Mantiene alejados a los fantasmas. Si mira a través de un ramo de espuelas de caballero a un fuego en la "noche de D. Juan", sus ojos quedarán conservados durante el año siguiente, hasta que llegue de nuevo dicha festividad. Las flores ahuyentan a los escorpiones y otras criaturas venenosas.

ESTRAGÓN

(Artemisia dracunculus)

Poderes: Amor y cacerías.

Usos mágicos: Esta planta, perteneciente al género artemisia, fue utilizada por los indios americanos para atraer el amor. Con este fin la frotaban sobre las vestiduras y el cuerpo.

También se llevaba encima para atraer buena suerte en las cacerías, que en tiempos antiguos formaban parte esencial de la supervivencia.

EUCALIPTO *(Eucalyptus spp.)*

Nombres populares: Arbol de goma azul y árbol de corteza fibrosa.

Género: Femenino.

Planeta: Luna.

Elemento: Agua.

Poderes: Curación y protección.

Usos mágicos: Las hojas se utilizan para rellenar los muñecos curativos y se llevan encima para conservar la buena salud. Para aliviar resfriados, rodee velas de color verde con las hojas y las vainas, y quémelas hasta que queden convertidas en ceniza, visualizando a la persona (o a usted mismo) restablecida por completo. También se puede colgar una ramita de eucalipto en la cama del enfermo.

Ensarte las vainas verdes con hilo del mismo color y llévelas consigo para curar los dolores de garganta. Si se colocan bajo la almohada, las vainas previenen los resfriados. Las hojas también se llevan consigo como protección.

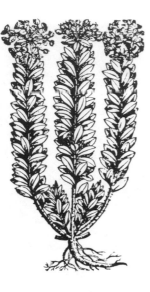

EUFORBIO *(Euphorbia spp.)*

VENENOSO

Nombres populares: Corona de espinas, euforbia y leche de loba.

Género: Femenino.

Planeta: Saturno.

Elemento: Agua.

Poderes: Purificación y protección.

Usos mágicos: En Amman, se lleva la rama de euforbio a una casa para purificarla después de un nacimiento. Es una planta muy protectora, tanto si se cultiva en interior como en exterior.

Su jugo blanco y lechoso a veces se emplea en aceites y ungüentos mágicos, pero es muy venenosa y no debería usarse descuidadamente.

EUFRASIA
(Euphrasia officinalis)

Nombres populares: Euphrosyne y eufrasia roja.

Género: Masculino.

Planeta: Sol.

Elemento: Aire.

Poderes: Poderes mentales y poderes psíquicos.

Usos mágicos: Beber una pócima de ésta planta aclara la mente y mejora la memoria.

La infusión aplicada a las pestañas con unas gasas de algodón induce la clarividencia mágica, pero hay que persistir en ello para conseguir resultados.

Llévela encima para mejorar los poderes psíquicos. También se puede usar cuando tenga que conocer la verdad de algún asunto.

EUPATORIO

(Eupatorium spp.)

Nombre popular: Hierba trompetera, raíz de roca, yerba de cáñamo.

Poderes: Amor y respeto.

Usos mágicos: Póngase en la boca unas pocas hojas cuando esté haciendo progresos amorosos y no fracasará.

Lleve unas cuantas hojas de esta hierba para que sea considerado con respeto por todos los que le conozcan.

EUPATORIO

(Eupatorium perfoliatum)

Nombres populares: Planta de la cruz, planta de la fiebre, salvia india, planta sudadera y cardencha.

Género: Femenino.

Planeta: Saturno.

Elemento: Agua.

Poderes: Protección y exorcismo.

Usos mágicos: Esta planta ahuyenta a los malos espíritus. Una infusión esparcida por toda la casa espantará el mal.

FARFARA *(Tussilago farfara)*

Nombres populares: Uña de caballo, tabaco británico, pata de toro.

Género: Femenino.

Planeta: Venus.

Elemento: Agua.

Poderes: Amor y visiones.

Usos mágicos: Añádase a los saquitos de amor y úsese en encantamientos de paz y tranquilidad. Fumar sus hojas puede causar visiones.

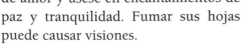

FITOLACA
(Phytolacca americana)
VENENOSA

Nombres populares: Coakum, cocan, pocan, fitolaca de Virginia, grano de cuervo, grano de paloma.

Género: Masculino.

Planeta: Marte.

Elemento: Fuego.

Poderes: Valor y eliminación de maldiciones.

Usos mágicos: La fitolaca se emplea en la Luna nueva para romper hechizos y maldiciones. Haga una infusión y salpique toda la casa con ella. Añada también un poco de agua del baño. (Nota: ¡No se bebe!)

Si se lleva consigo proporciona valor. Para hallar un objeto perdido, mezcle la fitolaca con hortensia, violeta y galangal. Espárzalo por el lugar en que fue visto el objeto por última vez.

Las bayas se machacan y el jugo resultante se usa como tinta mágica.

FRAMBUESA *(Rubus idaeus)*

Nombres populares: Frambuesa europea y frambuesa roja.

Género: Femenino.

Planeta: Venus.

Elemento: Agua.

Poderes: Protección y amor.

Usos mágicos: Las ramas de frambueso se cuelgan de las puertas y ventanas como protección. También cuando ha ocurrido una muerte, para que el espíritu no vuelva a entrar en la casa después de haberla abandonado.

La frambuesa se sirve como alimento que induce al amor, y las mujeres embarazadas llevan sus hojas para aliviar los dolores del embarazo y del parto.

FRESA *(Fragaria vesca)*

Género: Femenino.
Planeta: Venus.
Elemento: Agua.
Deidad: Freya.
Poderes: Amor y suerte.
Usos mágicos: Las fresas sirven como alimento del amor y sus hojas se llevan para atraer suerte.

Las mujeres embarazadas pueden llavarla para aliviar los dolores del parto.

FRESNO *(Fraxinus excelsior o F. americana)*

Nombre popular: Nion.
Género: Masculino.
Planeta: Sol.
Elemento: Fuego.
Deidades: Urano, Poseidón, Tor, Woden, Neptuno, Marte, Gwydion.
Poderes: Protección, prosperidad, ritos marítimos, salud.
Usos rituales: Para los antiguos teutones, el fresno representaba a Ygdrasill, o árbol del mundo, el cual era su concepción del universo al cual veneraban.
Usos mágicos: Esculpa un trozo de madera de fresno en forma de cruz solar (de brazos iguales) y llévelo como protección para no ahogarse en el mar. Además se usa en rituales marinos porque representa la fuerza que reside en el agua.

Las hojas colocadas bajo la almohada inducen sueños proféticos.

Se le considera, como a la mayoría de los árboles, protector. Una vara de fresno colgada de los marcos verticales de las puertas ahuyenta las malas influencias, y, en el pasado, una liga hecha de corteza verde se llevaba como un protector contra los poderes y los hechiceros. Las hojas se esparcen en las cuatro direcciones para proteger una casa o lugar, y se utilizan en saquitos y hechizos protectores.

A veces, se construyen varas curativas con madera de fresno, y unas pocas hojas colocadas en un recipiente con agua junto a la cama, durante toda la noche, prevendrán las enfermedades. Hay que tirar el agua cada mañana y repetir el rito todas las noches.

Si una persona o animal es mordido por una serpiente, haga un anillo con ramitas de fresno y átelo alrededor del cuello de la víctima para ayudarlo a sanar. Este hechizo, probablemente, surtirá efecto porque las serpientes tienen un miedo innato a los fresnos; nunca trepan su tronco.

Si quema su madera por Navidades, recibirá prosperidad. El fresno atrae el rayo, por tanto evite permaner debajo de él durante una tormenta eléctrica.

Si desea que su hijo recién nacido sea un buen cantante, entierre los primeros restos de uñas cortadas bajo un fresno. Y para conseguir el amor del sexo opuesto, lleve sus hojas consigo.

FRESNO ESPINOSO
(Zanthoxylum americanum)
Género: Masculino.
Planeta: Marte.
Elemento: Fuego.
Poderes: Amor.
Usos mágicos: Utilice los frutos del fresno espinoso como perfume para atraer el amor.

FUMARIA *(Fumaria officinalis)*

Nombres populares: Humoterrestre, fumus, fumus terrae, kaphnos, nidor, scheiteregi, vapor, muñecas de cera.

Género: Femenino.

Planeta: Saturno.

Elemento: Tierra.

Poderes: Dinero.

Usos mágicos: Una infusión de fumaria, rociada por toda la casa y frotada sobre los zapatos una vez a la semana, le proporcionará dinero muy pronto. Esta planta ha sido quemada durante siglos para exorcizar los malos espíritus.

GALANGA *(Alpina officinalis o A. galanga)*

Nombres populares: Raíz china, raíz catarral de la India Oriental, galingal, galingale, raíz india, galanga, Juan el Conquistador, rhizoma galangae.

Género: Masculino.

Planeta: Marte.

Elemento: Fuego.

Poderes: Protección, deseo sexual, salud, dinero, poderes psíquicos y para deshacer hechizos.

Usos mágicos: La galanga se ha venido empleando para necesidades mágicas muy diferentes. Si se lleva encima protege a su portador y le trae buena suerte. Si se pone en un saco de piel con plata, proporciona dinero. Se quema el polvo para romper hechizos y maldiciones. También se lleva puesta o esparce por la casa para excitar el deseo sexual.

Si se lleva consigo, la galanga favorece el desarrollo psíquico y conserva la buena salud del portador. Si no se puede encontrar, se sustituye por jengibre, que forma parte de la misma familia.

GARDENIA *(Gardenia spp.)*

Género: Femenino.

Planeta: Luna.

Elemento: Agua.

Poderes: Amor, paz, curación y espiritualidad.

Usos mágicos: Las flores frescas se colocan en el cuarto de un enfermo o en los altares de curación para facilitar el proceso. Los pétalos secos también se añaden a las fórmulas y a los inciensos curativos.

La gardenia seca se esparce por la habitación para crear vibraciones de paz y se añade a los inciensos de Luna. Se utiliza en los hechizos de amor y para atraer a los buenos espíritus durante los rituales. Poseen vibraciones espirituales muy elevadas.

GAYUBA

(*Arctostaphylos uva-ursi*) VENENOSA

Nombres populares: Uva de oso, Knnikimmick, sagackhomi y sandberry.

Poderes: Trabajos psíquicos.

Usos rituales: Los indios americanos utilizaban la gayuba en sus ceremonias religiosas.

Usos mágicos: Añádase a los saquitos diseñados para aumentar los poderes psíquicos.

GENCIANA *(Gentiana lutea)*

Nombres populares: Raíz amarga y genciana amarilla.

Género: Masculino.

Planeta: Marte.

Elemento: Fuego.

Poderes: Amor y poder.

Usos mágicos: Se coloca en los baños de amor y en los saquitos. Cuando se utiliza con cualquier incienso o saquito, proporciona mayor fuerza. Se emplea para romper hechizos y maldiciones.

GERANIO *(Pelargonium spp.)*

Género: Femenino.

Planeta: Venus.

Elemento: Agua.

Poderes: Fertilidad, salud, amor y protección.

Usos mágicos: Todas las clases de geranios son protectores si se cultivan en el jardín o se meten en casa recién cortados y se les pone en agua.

Protege de las serpientes. Una parcela de geranios rojos, plantada cerca de la casa de una bruja, avisaba con sus movimientos la llegada de visitantes. Las flores estaban cargadas mágicamente y señalaban la dirección en que los extraños se aproximaban. Los terrenos o parcelas sembrados de geranios rojos ofrecen protección y fortalecen la salud.

Los de flores rosadas se emplean en los hechizos de amor, y las variedades de color blanco aumentan la fertilidad.

Los curanderos en México purifican y curan a sus pacientes cepillándoles con geranios rojos, junto con ramas de ruda y pimienta.

El geranio rosa (Pelargonium gravolens) se emplea en saquitos de protección o bien se frotan sus hojas frescas sobre las puertas y ventanas para protegerlas.

Todos los geranios olorosos tienen diversas propiedades mágicas, la mayoría de las cuales pueden deducirse de la fragancia que desprenden (nuez moscada, limón, menta, etc.). Los que tienen fragancia a nuez moscada poseen muchas de las propiedades de dicha planta.

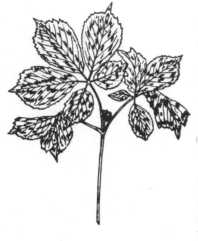

GINSENG *(Panax quinquefolius)*

Nombres populares: Raíz Maravilla del Mundo.
Género: Masculino.
Planeta: Sol.
Elemento: Fuego.
Poderes: Amor, deseos, curación, belleza, protección y deseo sexual.
Usos mágicos: La raíz se lleva consigo para atraer el amor, conservar la salud, atraer dinero y asegurar la potencia sexual. El ginseng también confiere belleza a toda persona que la lleve consigo. Quémelo para ahuyentar a los malos espíritus y para romper hechizos.

El té hecho con esta planta se emplea como bebida que induce al deseo sexual, ya sea sola o con otras hierbas similares.

Tome una raíz en sus manos, visualice su deseo en dicha raíz y arrójela a una corriente de agua. Esta planta puede ser sustituta de la mandrágora.

GIRASOL *(Helianthus annuus)*

Nombres populares: Corona solis, caléndula de Perú y solo indianus.
Género: Masculino.
Planeta: Sol.
Elemento: Fuego.
Poderes: Fertilidad, deseos, salud y sabiduría.
Usos mágicos: Las mujeres que desean concebir comen semillas de girasol. Para protegerse contra la viruela, lleve las semillas alrededor del cuello dentro de una bolsa o ensartadas como

cuentas. Si corta un girasol al ponerse el sol y al mismo tiempo pide un deseo, éste se hará realidad antes del siguiente atardecer, con la condición que el deseo no debe ser demasiado importante.

Dormir con un girasol debajo del lecho le permite saber la verdad sobre cualquier tema. Si usted desea llegar a ser un virtuoso, úntese con el jugo extraído al exprimir tallos de girasol.

Los girasoles que crecen en el jardín lo protegen contra las pestes y dan la mejor de las suertes al jardinero.

GOMA ARÁBIGA
(Acacia vera)

Nombres populares: Goma arábiga, egipcia, india.
Género: Masculino.
Planeta: Sol.
Elemento: Aire.
Poderes: Espiritualidad, purificación.
Usos mágicos: Añádase a los inciensos para obtener buenas vibraciones, o quémela lentamente sobre carbón. Purifica el lugar del mal y energía negativa.

GOTU KOLA
(Hydrocotyl asiatica)

Poderes: Meditación.
Usos mágicos: Se usa en los inciensos de meditación. Queme una pequeña cantidad antes de ésta.

GRAMA DEL NORTE
(Agropyron repens)
Nombres populares: Grama, hierba de perro y hierba de brujas.
Género: Masculino.
Planeta: Júpiter.
Poderes: Felicidad, deseo sexual, amor y exorcismo.
Usos mágicos: Llevar esta planta o salpicarla bajo la cama atrae nuevos amantes. La grama también se emplea en todo tipo de rituales con carácter exorcista; la infusión se salpica por los edificios para dispersar los entes. Cuando se lleva puesta, disipa la depresión.

GRANADA *(Punica granatum)*

Nombres populares: Manzana de Cartago, malicorio y malum punicum.
Género: Masculino.
Planeta: Mercurio.
Elemento: Fuego.
Deidades: Perséfona y Ceres.
Poderes: Adivinación, suerte, deseos, riqueza y fertilidad.
Usos mágicos: Las semillas se han venido comiendo durante mucho tiempo para aumentar la fertilidad, y se ha llevado su cáscara por la misma razón.

La granada es una fruta mágica para la suerte. Pida un deseo antes de comerse una y puede ser que se haga realidad. Una rama de granado descubre riquezas ocultas, o atrae dinero a su poseedor. Colgadas sobre la entrada de la casa protegen del mal, y el jugo se utiliza como sustituto de la sangre o tinta mágica. La cáscara, seca, se añade a los inciensos de riqueza y de dinero.

GRANOS DEL PARAÍSO
(Afromomum melequeta)

Nombres populares: Pimienta africana, granos de Guinea, pimienta mallaqueta, melequeta.

Género: Masculino.

Planeta: Marte.

Elemento: Fuego.

Poderes: Deseo sexual, suerte, amor, dinero y deseos.

Usos mágicos: Los granos del paraíso se emplean en hechizos y saquitos de amor, deseo sexual, suerte y dinero. Es también una de las hierbas que se emplean para los deseos. Sostenga un poco en sus manos, pida un deseo y arroje un poco de la hierba en cada dirección, empezando por el Norte y acabando por el Oeste.

GUISANTE *(Pisum sativum)*

Género: Femenino.

Planeta: Venus.

Elemento: Tierra.

Poderes: Dinero y amor.

Usos mágicos: Desenvainar guisantes trae suerte y beneficios en los negocios. Secos se usan en mezclas de dinero.

Si una mujer encuentra una vaina que contenga exactamente nueve guisantes, debe colgarla en la puerta. El primer soltero que pase bajo la vaina será su futuro esposo (si ya no está casada).

GUISANTE DE COLOR
(Lathyrus odoratus)
Género: Femenino.
Planeta: Venus.
Elemento: Agua.
Poderes: Amistad, castidad, valor y fortaleza.
Usos mágicos: Llevar encima flores del guisante de color atrae a las personas y provoca el hacer amistades.

Llevarlo en la mano, hace que todos le digan la verdad. El guisante de color también conserva la castidad si se coloca en el dormitorio; y da valor y fortaleza cuando se lleva consigo.

HAMAMELIS
(Hamamelis virginica)
Nombres populares: Aliso manchado, retoño de invierno.
Género: Masculino.
Planeta: Sol.
Elemento: Fuego.
Poderes: Protección y castidad.
Usos mágicos: La hamamelis se ha empleado durante largo tiempo para fabricar varas adivinatorias. Su corteza y sus ramas también se usan para protegerse de las influencias malignas. Portar esta planta ayuda a curar los desengaños amorosos y enfría las pasiones.

HAYA
(Fagus sylvatica)
Nombres populares: Bok, boke, buche, buk, buke, faggio, fagos, faya, haya.
Género: Femenino.
Planeta: Saturno.
Poderes: Deseos.
Usos mágicos: Coja una vara de haya, esculpa o grabe sus deseos en ella, entiérrela y déjala allí. Su deseo se hará realidad si así conviene.

Lleve consigo madera u hojas de haya para aumentar las facultades creativas.

HELECHO
(Pteridium aquilinum)
Género: Masculino.
Planeta: Mercurio.
Elemento: Aire.
Poderes: Curación, lluvia mágica y sueños proféticos.
Usos mágicos: Si quema el helecho al aire libre, provocará lluvia.

El helecho también se emplea como protección, curación y fertilidad. Si se coloca la raíz debajo de la almohada, hace que aparezcan en sueños las soluciones a sus problemas.

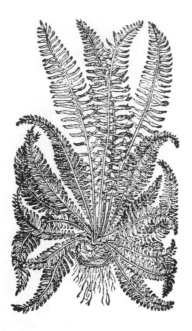

HELECHO

Género: Masculino.

Planeta: Mercurio.

Elemento: Aire.

Deidades: Lada y Puck.

Poderes: Atrae lluvia, protección, suer
te, riquezas, juventud eterna, salud y
exorcismo.

Usos mágicos: El helecho se introduce
en los jarrones de flores por sus propiedades protectoras, y también se pone
en el umbral de la puerta. El helecho
protege también el interior de la casa.

Para exorcizar a los malos espíritus,
se arrojan helechos sobre carbón en
ascuas. Si se quema en campo abierto,
origina lluvia. El humo producido al
quemarse aleja a las serpientes y a las
criaturas dañinas.

Si se lleva consigo, tiene el poder de guiar a su poseedor hasta un
tesoro oculto, y la persona que rompa la primera fronda de helecho de
la primavera gozará de buena suerte. Si muerde la fronda del primer
helecho primaveral, estará inmunizada contra el dolor de muelas, al
menos hasta la primavera siguiente.

Se dice que beber la savia de helecho confiere la juventud eterna.

HELECHO MACHO
(Dryopteris felix-mas)

Género: Masculino.

Planeta: Mercurio.

Elemento: Aire.

Poderes: Suerte y amor.

Usos mágicos: El helecho macho se
lleva para atraer la buena suerte; también atrae a las mujeres.

HELIOTROPO *(Heliotropium europaeum o H. arborescens)*

VENENOSO

Nombres populares: Pastel de cereza y tornasol.

Género: Masculino.

Planeta: Sol.

Elemento: Fuego.

Deidad: Apolo.

Poderes: Exorcismo, sueños proféticos, curación, riquezas e invisibilidad.

Usos mágicos: Bajo la almohada, el heliotropo produce sueños proféticos. Esto resulta útil si le han robado, el ladrón aparecerá en el sueño.

El heliotropo se emplea en inciensos y pócimas para exorcismos, igual que en saquitos curativos. Cuando se guarda en un bolsillo o cartera, atrae riqueza y dinero. También se puede rodear de velas verdes y quemarlas hasta que se hagan cenizas.

HIBISCO *(Hibiscus spp.)*

Nombres populares: Kharkady (árabe.)

Género: Femenino.

Planeta: Venus.

Elemento: Agua.

Poderes: Deseo sexual, amor y adivinación.

Usos mágicos: Con las flores rojas del hibisco se prepara un té rojo que se bebe por su poder de inducción al deseo sexual. Esta bebida les está prohibida a las mujeres egipcias por esta razón.

Las flores también se han empleado con inciensos y saquitos de amor. En los países tropicales se ponen en las coronas de flores para las ceremonias matrimoniales.

Los hechiceros de Dobu, al Oeste del Pacífico, practican la adivinación sirviéndose de cuencos de madera con agua, dentro de los cuales se echan unas pocas flores de hibisco.

HIEDRA *(Hedera spp.)*

Nombre popular: Gort.

Género: Femenino.

Planeta: Saturno.

Elemento: Agua.

Deidades: Baco, Dioniso y Osiris.

Poderes: Protección y curación.

Usos rituales: El tirso, usado en la adoración de Baco, con frecuencia se rodeaba con hiedra.

Usos mágicos: Las mujeres en especial las novias llevan hiedra para obtener buena suerte.

Donde crezca o se siembre, quedará protegido contra las fuerzas negativas y los desastres.

La hiedra también se utiliza en encantamientos de amor y fidelidad. Mágicamente puede "juntarse" con el acebo.

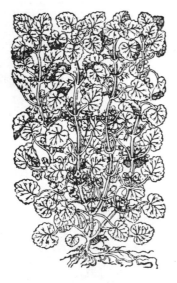

HIEDRA DE TIERRA
(Nepeta glechoma)

Nombres populares: Alehoof y pie de gato.

Poderes: Adivinación.

Usos mágicos: Utilice la hiedra de tierra para descubrir quién está practicando magia negativa contra usted. Ponga la hierba alrededor de la base de una vela amarilla y enciéndala un martes. La persona en cuestión le será dada a conocer.

HIERBA

Poderes: Poderes psíquicos y protección.

Usos mágicos: Cuelgue una bola de hierba verde en la ventana principal de la casa para protegerla y ahuyentar el mal. Haga nudos con hierba alrededor de toda la casa con el mismo fin.

Las hojas de hierba incrementa los poderes psíquicos. Marque un deseo con hierba verde sobre una piedra, o simplemente frote la hierba contra la piedra hasta dejar una mancha verde. Visualice lo que necesita y, luego, entierre la piedra o arrójela a una corriente de agua.

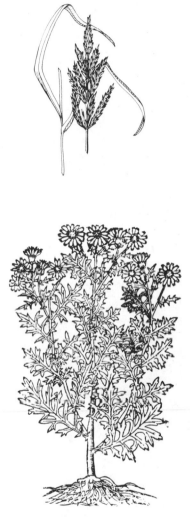

HIERBA CANA *(Senecio spp.)*

Nombres populares: Groundeswelge (anglosajón, "tragatierra"), glotón de la tierra.

Género: Femenino.

Planeta: Venus.

Elemento: Agua.

Poderes: Salud y curación.

Usos mágicos: La hierba cana se lleva como amuleto contra el dolor de muelas, así como para quitar el dolor cuando aparece. También se lleva consigo para que la dentadura en general se conserve en buen estado de salud.

HIERBA DE ASNO
(Oenothera biennis)

Nombre popular: Veneno de guerra.

Poderes: Cacería.

Usos mágicos: Los indios americanos frotaban esta planta contra sus mocasines y el cuerpo para asegurarse una buena cacería y hacer que las serpientes los rehuyesen.

HIERBA DE LIMÓN *(Cymbopogon citratus)*

Género: Masculino.

Planeta: Mercurio.

Elemento: Aire.

Poderes: Repelente de serpientes, deseo sexual y poderes psíquicos.

Usos mágicos: Si se cultiva alrededor de la casa y en el jardín, repelerá a las serpientes. También se emplea en pociones para el deseo sexual, así como en infusión para facilitar el desarrollo de los poderes psíquicos.

HIERBA DE S. JUAN
(Hypericum perforatum) VENENOSA

Nombres populares: Ambar, Fuga Daemonum (latín), hierba cabruna, diablo asustado, hierba Juan y Sol terrestis.

Género: Masculino.

Planeta: Sol.

Elemento: Fuego.

Deidad: Baldur.

Poderes: Salud, protección, fortaleza, adivinación amorosa y felicidad.

Usos mágicos: Esta hierba previene las fiebres y los resfriados, hace a los soldados invencibles y atrae el amor. Si se corta en pleno verano o un viernes y se lleva consigo, mantendrá las enfermedades mentales a raya y curará también la melancolía.

Cuando se pone en un recipiente y se cuelga junto a una ventana, esta hierba protege contra el rayo, el fuego y los malos espíritus. Tanto las flores como las hojas se utilizan con este propósito. También se seca contra las hogueras de la festividad de S. Juan y se cuelga cerca de la ventana para mantener alejados de la casa a los fantasmas y seres malignos. Esta planta se quema para ahuyentar a espíritus y demonios.

Colocar cualquier parte de esta hierba bajo la almohada permite a las mujeres solteras soñar con sus futuros maridos. Se emplea en rituales o se lleva para detectar a otros magos; en la antigüedad se ponía en la boca de aquellas personas acusadas de brujería para obligarlas a confesar.

HIERBA DE PILOTO
(Silphium laciniatum)
Nombre popular: Brújula.
Poderes: Protección.
Usos mágicos: La raíz seca de la brújula se quema durante las tormentas eléctricas para desviar los rayos.

HIERBA DULCE
(Hierochloe odorata)
Poderes: Invocación de espíritus.
Usos mágicos: Queme hierba dulce para atraer a los buenos espíritus, o entes, antes de realizar hechizos.

HIERBA GATERA
(Nepeta cataria)

Nombres populares: Gato, hierba gatera, bálsamo campestre y nepeta.
Género: Femenino.
Planeta: Venus.
Elemento: Agua.
Deidades: Bast.
Poderes: Magia del gato, amor, belleza y felicidad.
Usos mágicos: Si su gato come la hierba creará un vínculo psíquico entre los dos, también embriagará al gato.

Se usa en saquitos de amor, normalmente en combinación con pétalos de rosa. Si toma esta hierba en su mano y espera hasta que esté caliente y luego le toma la mano a alguien, éste será su amigo para siempre. Guarde la hierba empleada en este hechizo en lugar seguro.

Si se cultiva cerca del hogar o se cuelga en la puerta, atrae a los buenos espíritus y da buena suerte. Además, se emplea en hechizos destinados a aumentar la belleza y la salud.

Las hojas grandes de la hierba gatera se prensan y se utilizan como señales en los textos de magia.

HIERBA LOMBRIGUERA
(Senecio spp.)

Nombres populares: Caballos de las hadas, ambrosía y hierba de S. Jaime.
Género: Femenino.
Planeta: Venus.
Elemento: Agua.
Poderes: Protección.
Usos mágicos: Los griegos usaban esta hierba como amuleto contra los hechizos y encantamientos, y se decía que las brujas montaban sobre cañas de esta planta en tiempos de las persecuciones.

HIERBABUENA *(Mentha spp.)*

Nombre populares: Menta de jardín.

Género: Masculino.

Planeta: Mercurio.

Elemento: Aire.

Deidades: Plutón y Hécate.

Poderes: Dinero, deseo sexual, curación, viajes, exorcismo y protección.

Usos mágicos: El uso de la hierbabuena en pociones y mezclas curativas se remota a tiempos antigüos, y se dice que frotar las hojas verdes por la cabeza quita los dolores de cabeza. Si lleva hierbabuena en la muñeca de la mano, le asegurará que no caerá enfermo. Los problemas de estómago pueden aliviarse rellenando una muñeca verde de hierbabuena y ungiéndolo con aceites curativos.

También se utiliza en hechizos de viaje y para provocar el deseo sexual. El aroma vigorizante de sus brillantes hojas verdes lleva a utilizarlo en hechizos de dinero y de prosperidad; el más sencillo de ellos consiste en poner unas cuantas hojas en la cartera o billetera, o frotar donde guarde su dinero.

Para limpiar un lugar de males, esparza agua salada con un esparcidor hecho con tallos tiernos de hierbabuena, mejorana y romero.

La hierbabuena fresca depositada sobre el altar invocará a los buenos espíritus a que se presenten y le presten su ayuda en la magia. También se tiene en casa como protección.

"Hierbabuena" es un término genérico para definir cualquier planta perteneciente a la familia de la Mentha.

HIGO *(Ficus carica)*

Nombre popular: Higo común.
Género: Masculino.
Planeta: Júpiter.
Elemento: Fuego.
Deidades: Dionisos, Juno e Isis.
Poderes: Adivinación, fertilidad y amor.
Usos mágicos: Con su madera se tallan imágenes fálicas que llevan las mujeres que desean concebir un hijo. También las llevan los hombres para vencer la esterilidad. Se come el higo fresco para obtener los mismos resultados.

Escriba una pregunta en una hoja de higuera. Si la hoja se seca lentamente, la respuesta es un buen presagio. Si se seca muy rápidamente, significa justo lo contrario. Una higuera cultivada en casa protege y da buena suerte a sus moradores. Si se cultiva en el dormitorio, favorece el sueño reparador, y en la cocina asegura que la familia nunca tendrá hambre.

Para seducir a un hombre o a una mujer, ofrézcales un higo. Quedarán hechizados con su presencia, siempre que les gusten los higos.

Antes de salir de viaje, deje una rama de higuera delante de la puerta de su casa, y así regresará sano y feliz.

HINIESTA *(Cytisus scoparius)*
VENENOSA

Nombres populares: Banal, basam, besom, bison, bizzon, breeam, brum, hiniesta verde genista, hiniesta irlandesa e hiniesta escocesa.
Género: Masculino.
Planeta: Marte.
Elemento: Aire.
Poderes: Purificación, protección, hechizos de viento y adivinación.

Usos mágicos: La hiniesta se usa en los hechizos de purificación y de protección, y se cuelga en la casa para preservarla del mal. Además, una infusión rociada por toda la casa exorciza los fenómenos poltergeists.

A pesar que la infusión se utilizó en tiempos pasados como bebida para aumentar los poderes psíquicos, ésta puede resultar peligrosa porque la planta es ligeramente venenosa; para este propósito lo mejor es llevarla consigo.

Si desea levantar vientos, arroje hiniesta al aire, al tiempo que invoca a los espíritus del Aire, preferiblemente desde la cima de una montaña. Para calmar los vientos, quémela y entierre sus cenizas.

Si realiza hechizos al aire libre (el mejor lugar para hacer magia) antes de comenzar el trabajo, barra el suelo con hiniesta, si crece próxima al lugar.

HINOJO *(Foeniculum vulgare)*

Género: Masculino.

Planeta: Mercurio.

Deidades: Prometeo y Dionisos.

Poderes: Protección, curación y purificación.

Usos rituales: El tirso, que figuraba en las ceremonias romanas, se hacía muchas veces con enormes tallos de hinojo y conos de pino unidos a los extremos.

Usos mágicos: Si se cultiva alrededor de la casa, traerá protección.

Llevar dentro del zapato izquierdo un trozo de hinojo impedirá que las garrapatas del campo le piquen en las piernas. También se cuelga de las ventanas y de las puertas para alejar a los malos espíritus, y sus semillas pueden llevarse encima con el mismo propósito.

El hinojo se usa en saquitos de purificación y en fórmulas curativas.

HISOPO *(Hyssopus officinalis)*

Nombres populares: Hierba de hisopo, Isopo, Ysopo e Yssop.

Género: Masculino.

Planeta. Júpiter.

Elemento: Fuego.

Poderes: Purificación y protección.

Usos mágicos: El hisopo es la hierba purificadora de uso más extenso en magia. Se añade en el baño y a los saquitos, se prepara una infusión con ella y se rocían los objetos o personas para purificarlos, y se cuelga en la casa para limpiarla de males y fuerzas negativas.

HONGO

Poderes: Crea la lluvia.

Usos mágicos: Si un hongo se rompe accidentalmente producirá lluvia, pero no sé si esto mismo ocurre cuando se hace de forma deliberada.

HORTENSIA

(Hydrangea arborescens)

Nombres populares: Siete cortezas.

Poderes: Rompe-hechizos.

Usos mágicos: Utilice la corteza de esta planta para romper un hechizo. Llévela consigo, distribuyala por toda la casa o también quémela.

IMPERATORIA
(Imperatoria ostruthium)

Género: Masculino.

Planeta: Marte.

Elemento: Fuego.

Poderes: Fuerza, valor y protección.

Usos mágicos: Esta planta proporciona fuerza física, y por eso puede ser empleada por los trabajadores o por atletas para fortalecer el cuerpo. También se lleva para afirmar la voluntad y calmar las emociones, y como amuleto contra el mal. Espárzase por todas partes para hacer que aparezcan los espíritus.

INCIENSO
(Boswellia carterii)

Nombres populares: Incienso, olibans, olibanum, olíbano.

Género: Masculino.

Planeta: Sol.

Elemento: Fuego.

Deidades: Ra, Baal.

Poderes: Protección, exorcismos y espiritualidad.

Usos rituales: En la antigüedad los egipcios quemaban incienso a la salida del sol en honor a Ra. Hoy en día forma parte de algunos inciensos utilizados en las iglesias católicas.

Usos mágicos: Cuando se quema, el incienso libera unas poderosas vibraciones que, no sólo dan inspiración a quienes se encuentran en el lugar, sino que también eliminan todo mal y las fuerzas negativas. Por esta razón el incienso se emplea en el exorcismo, la protección, la purificación y la consagración. Además, se quema para provocar visiones y para facilitar la meditación, y se añade a los saquitos de suerte, protección y crecimiento espiritual. El romero se emplea como su sustituto.

IRIS *(Iris spp.)*

Género: Femenino.
Planeta: Venus.
Elemento: Agua.
Deidades: Iris y Juno.
Poderes: Purificación y sabiduría.
Usos mágicos: El iris, una de las flores más hermosas, se ha empleado en la purificación desde los tiempos de los romanos. Las flores frescas se colocan en el área que va a ser purificada.

Las tres puntas de su flor simbolizan la fe, la sabiduría y el valor, y además se utilizan para inducir estas cualidades.

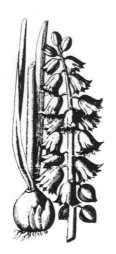

JACINTO *(Hyacinthus orientalis)*

Género: Femenino.
Planeta: Venus.
Elemento: Agua.
Poderes: Amor, protección y felicidad.
Usos mágicos: Se utiliza en saquitos para aliviar los dolores del parto. Si se cultiva la planta en el dormitorio, protege de las pesadillas.

Oler las flores frescas del jacinto alivia las penas y la depresión, y también cura la sugestión. Las hojas secas se emplean en las pócimas de amor.

JAZMÍN *(Jasminum officinale o J. odoratissimum)*

Nombres populares: Jessamin o luz de luna en el bosquecillo.
Género: Femenino.
Planeta: Luna.
Elemento: Agua.
Deidad: Visnú.
Poderes: Amor, dinero, sueños proféticos.
Usos mágicos: Sus flores secas se añaden a los saquitos y a otras pócimas de amor. Atraen amor espiritual (lo opuesto al amor "físico").

Atraen dinero y riquezas si se llevan consigo o se queman. El jazmín, además, provoca sueños proféticos si se quema en una habitación; oler las flores induce al sueño.

JENGIBRE *(Zingiber officinalis)*

Nombres populares: Jengibre africano.
Género: Masculino.
Planeta: Marte.
Elemento: Fuego.
Poderes: Amor, dinero, éxito y poder.
Usos mágicos: Comer jengibre antes de realizar un hechizo infundirá poder a éste. Esto ocurre en los hechizos de amor donde el jengibre es muy usado.

Todas las raíces se plantan y se cultivan para atraer dinero; se esparce la raíz pulverizada sobre éste o se guarda en los bolsillos con el mismo fin. Se utiliza en los hechizos para conseguir éxito, o para asegurar el éxito de una operación mágica.

En las islas del Pacífico es utilizado para hacer magia. Los Mascany lo mascan y escupen en el lugar enfermo para curar; lo mismo cuando están en el mar, para detener una tormenta que se aproxima.

JUAN EL CONQUISTADOR
(Ipomoea purga o I. jalapa)
VENENOSA
Género: Masculino.
Planeta: Marte.
Elemento: Fuego.
Poderes: Dinero, amor, éxito y felicidad.
Usos mágicos: Unte una de sus raíces con aceite de menta y guárdela en un saquito verde atado con un cordel. Llévelo para atraer dinero.

Se utiliza también para detener la depresión, traer amor y éxito, para proteger de hechizos y maldiciones, y para romperlos.

Para fabricar un aceite balsámico apropiado para todo uso, tome tres raíces de esta planta, haga pequeños cortes en ellas con un cuchillo afilado y póngalas dentro de una botella de aceite vegetal, mineral o de oliva. Deje que las raíces se empapen en el aceite durante varias semanas y úselas como desee; para untar velas, saquitos y demás objetos.

JUDÍA *(Phaseolus spp.)*
Nombres populares: Carne de hombre pobre.
Género: Masculino.
Planeta: Mercurio.
Elemento: Aire.
Deidades: Demeter y Cardea.
Poderes: Protección, exorcismo, encantamiento para verrugas, reconciliaciones, potencia y amor.
Usos rituales: La flor de la judía es blanca, y por ello se consagraba a todas las diosas de la vieja Europa. Según la tradición, solo las sacerdotisas de alto rango en Escocia podían plantar o cocinar la judía. Las judías, junto con el cerdo eran ofrecidas a Cardea en Roma el primero de junio. También se las asocia con el infierno y con los muertos, y en la antigua Roma eran repartidas y comidas durante los funerales.

Usos mágicos: En general, las judías se utilizaron en la antigüedad (y todavía se utilizan) como encantamiento contra los malos hechiceros. Póngase una judía en la boca y escúpala a la persona. Las judías secas se llevan como amuleto contra las fuerzas negativas y la magia negra. Se usan en sonajeros para ahuyentar a los espíritus, sobre todo a los que se han introducido en un cuerpo y hacen enfermar a la persona. Para apartar a los malos espíritus, diga muy de prisa tres veces sin respirar: "tres judías azules en una vejiga azul. Tintinea, vejiga, tintinea".

Si una pareja tiene una disputa, la mujer debe llevar tres judías de color lima unidas por un hilo de seda durante dos días, y la pareja pronto vencerá sus dificultades. Las judías ayudan a curar la impotencia si se llevan encima o se comen. Esto se debe a su parecido con los testículos.

Encantamiento de amor con las judías: la mujer debe poner siete judías de cualquier clase dentro de un círculo trazado en el suelo. Después, deberá hacer que el hombre elegido por ella entre en el círculo o camine sobre él. Si lo logra, será atraído por ella. (Pero esto también podría considerarse manipulación).

Para curar verrugas, frote cada verruga con una judía seca cuando la Luna se halle en su fase de cuarto menguante. Mientras lo hace diga lo siguiente: ¡Como esta judía se descompone, la verruga desaparece!

KAVA-KAVA
(Piper methysticum)

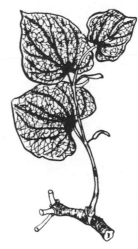

Nombres populares: Ava, pimienta ava, raíz de ava, raíz awa y pimienta embriagadora.
Género: Femenino.
Planeta: Saturno.
Elemento: Agua.
Deidades: Lono, Kane y Kanaloa.
Poderes: Visiones, protección y suerte.
Usos rituales: Se ha usado mucho tiempo en los ritos de Hawai y Polinesia.
Usos mágicos: La raíz de esta planta polinesia se emplea en infusión, y el té resultante se bebe para dar protección contra el mal y dar cabida a la buena suerte.

Se hace una infusión y se deja toda la noche en el frigorífico; luego se bebe para fortalecer los poderes psíquicos y producir visiones. Sin embargo, beber gran cantidad de la infusión es perjudicial para los riñones.

LÁGRIMAS DE JOB
(Coix lachryma)

Nombre popular: Hierba de lágrimas.

Poderes: Curación, deseos y suerte.

Usos mágicos: Las semillas se ensartan formando un collar y se cuelga alrededor del cuello de un niño para facilitarle la dentición. También lo llevan los adultos del mismo modo para los dolores de garganta y los resfriados; las semillas absorben el dolor y la enfermedad.

Para tener buena suerte pueden llevarse tres semillas. Para la magia del deseo, pida uno sosteniendo siete semillas (o "lágrimas", como se conocen) y, luego, arrójelas a una corriente de agua. Como alternativa, arranque siete semillas una por una concentrándose en su deseo. Lleve estas semillas durante una semana y su deseo se hará realidad.

LAUREL *(Laurus nobilis)*

Nombres populares: Baie, laurel, árbol de laurel, Dafne, laurel griego, laurier d'Apollon, laurier Sauce, laurel noble, laurel romano, laurel dulce.

Género: Masculino.

Planeta: Sol.

Elemento: Fuego.

Deidades: Escolapio, Apolo, Ceres, Fauno y Eros.

Poderes: Protección, poderes psíquicos, curación, purificación, fortaleza.

Usos rituales: Las antiguas sacerdotisas de Apolo masticaban hojas de laurel para introducir un estado profético y también inhalaban sus vapores. Las hojas de laurel se utilizan como elemento decorativo en Navidad.

Usos mágicos: El laurel se emplea en pociones de clarividencia y sabiduría, aun cuando tiene un fuerte sabor. Sus hojas se colocan bajo la almohada para inducir sueños proféticos, y también se queman para producir visiones.

Es una hierba protectora y de purificación par excellence y se lleva como amuleto para repeler el mal y las fuerzas negativas. Se quema o se esparce durante los rituales de exorcismo, se coloca en las ventanas para protegerse del rayo. Para esparcir el agua durante las ceremonias de purificación se usa una ramita de laurel, y el árbol plantado cerca de la casa protege a sus moradores de la enfermedad. Las hojas de laurel mezcladas con sándalo pueden quemarse para deshacer maldiciones y malos encantamientos. Para asegurar que el amor perdure, la pareja debe arrancar una ramita del árbol, después romper ésta en dos y guardar un trozo cada uno.

Las hojas de laurel dan fuerza a quienes participan en deportes de lucha y atletismo si la llevan consigo en el momento de la competición.

Se escriben deseos en hojas de laurel, quemándolas después para hacer que se hagan realidad; y si se sostiene en la boca una hoja de laurel ahuyenta la mala suerte.

LECHUGA *(Lactuca sativa)*

Nombres populares: Lechuga de jardín, lechuga y planta del sueño.

Género: Femenino.

Planeta: Luna.

Elemento: Agua.

Poderes: Castidad, protección, amor, adivinación y sueño.

Usos mágicos: Frótese con jugo de lechuga la frente o coma sus hojas para no tener dificultad en conciliar el sueño.

Cultivar lechugas en el jardín sirve de protección, pero algunas personas dicen que si se siembran demasiadas, la esterilidad se cernirá sobre el hogar.

Si desea defenderse de las tentaciones carnales, coma lechuga. También previene el mareo. Plante lechugas o semillas de berro formando con ellas el nombre de alguien a quien ame. Si las semillas brotan bien, igual lo hará el amor entre ustedes.

LENGUA DE CIERVO

(Frasera speciosa, Liatris odoratissima)

Nombres populares: Hoja de vainilla y vainilla silvestre.

Género: Masculino.

Planeta: Marte.

Elemento: Fuego.

Poderes: Deseo sexual y poderes psíquicos.

Usos mágicos: Sirve para atraer a los hombres. La lengua de ciervo también se esparce sobre la cama con el mismo propósito. Favorece los poderes psíquicos.

LENGUA DE VÍBORA
(Erythronium americanum)

Nombres populares: Lengua de víbora americana, lengua de serpiente, boca de víbora.

Género: Femenino.

Planeta: Luna.

Elemento: Agua.

Poderes: Curación.

Usos mágicos: Empape un poco de lengua de serpiente en agua fría y aplíquelo sobre una herida o contusión, envuélvalo en un trozo de tela hasta que la hierba se caliente. A continuación, entierre la hierba húmeda en un lugar cubierto por lodo, la herida sanará.

LENTISCO *(Pistacia lentiscus)*

Nombres populares: Masticke y charneca.

Género: Masculino.

Planeta: Sol.

Elemento: Aire.

Poderes: Poderes psíquicos, manifestaciones y deseo sexual.

Usos mágicos: El lentisco se quema en las ceremonias mágicas donde se desea que se manifieste un espíritu.

También se emplea como incienso para fortalecer los poderes psíquicos y, durante mucho tiempo se ha venido utilizando en pociones de deseo sexual por magos y brujos del Oriente Medio. Añadido a cualquier incienso, proporciona fuerza y poder.

LEVÍSTICO
(Levistium officinale)
Nombres populares: Levístico chino, levístico córnico, levístico italiano, hierbas del amor, vara del amor, raíz del amor, hierbas amorosas y lubestico.
Género: Masculino.
Planeta: Sol.
Elemento: Fuego.
Poderes: Amor.
Usos mágicos: Ponga levístico en el agua del baño (dentro de un saquito). Le hará más atractivo y digno de ser amado. Lo mejor es tomar estos baños justo antes de salir a conocer nuevas personas.

LICOPODIO
(Lycopodium clavatum)
Nombres populares: Cola de zorro, licopodio, selago, sulfuro vegetal y garra de lobo.
Género: Femenino.
Planeta: Luna.
Elemento: Agua.
Poderes: Protección y poder.
Usos mágicos: Esta hierba, cuando se corta correctamente, da protección, poder y la bendición de los dioses. Tome un baño purificador en un arroyo, ofrezca pan y vino a la planta y, después, arranque la raíz con el dedo meñique o una cuchilla de plata. Entonces, la planta tendrá poder.

LILA *(Syringa vulgaris)*

Nombres populares: Lila común.
Género: Femenino.
Planeta: Venus.
Elemento: Agua.
Poderes: Exorcismo y protección.
Usos mágicos: La lila ahuyenta el mal donde se plnate. En Nueva Inglaterra se plantaba para alejar el mal de la propiedad.

Las flores frescas se pueden poner en una casa encantada para purificarla.

LIMA *(Citrus aurantifolia o L. limetta)*

Género: Masculino.
Planeta: Sol.
Elemento: Fuego.
Poderes: Curación, amor y protección.
Usos mágicos: Coja una lima fresca, atraviésela con clavos viejos, púas, agujas y alfileres, y arrójela dentro de un agujero profundo dentro de la tierra. Esto le librará de todas las enfermedades, hechizos y otras cosas.

Lleve consigo un collar hecho de lima para curar el dolor de garganta. La piel de lima se emplea en las mezclas e inciensos de amor. Para curar un dolor de muelas, introduzca un clavo en el limero (pero dé las gracias al árbol antes de hacerlo)

Las ramas del limero también protegen contra el mal de ojo.

LIMÓN *(Citrus limon)*

Género: Femenino.

Planeta: Luna.

Elemento: Agua.

Poderes: Longevidad, purificación, amor y amistad.

Usos mágicos: El jugo de limón se convina con agua y la mezcla resultante se utiliza para lavar amuletos, joyas y otros objetos mágicos que se hayan obtenido de segunda mano. Lavarlos asegura que todas las vibraciones negativas han sido eliminadas del objeto en cuestión. El jugo también se echa al agua del baño en tiempo de Luna llena por sus poderes purificadores.

Las flores secas y la piel se añaden a los saquitos y mezclas de amor, y las hojas se emplean en los tés de deseo sexual. Un limonero nacido de una semilla de un limón que usted haya consumido, es un excelente regalo para el ser amado, aunque hay que reconocer que el proceso es largo. Servir pastel de limón a su cónyuge le ayudará a fortalecer su fidelidad, y colocar una rodaja de limón bajo la silla de un visitante asegura que su amistad sea duradera.

Tome un limón verde (no maduro) de un árbol. No debe tener más de cuatro centímetros de diámetro. Luego, tome unos alfileres con la cabeza coloreada, sirve cualquier color excepto el negro, clave los alfileres uno por uno, en el limón hasta que esté erizado de ellos. Ate un trozo de hilo o cinta al limón y cuélguelo en la casa para que le dé bendiciones y suerte, o regáleselo a un amigo. Estos hechizos del "limón con alfileres" son fáciles de hacer y resultan muy eficaces. El limón puede servir como muñeco.

LINARIA *(Linaria vulgaris)*

Nombres populares: Perritos, arbustos de dragón, hierba de linaria, conejos y sapo.
Género: Masculino.
Planeta: Marte.
Elemento: Fuego.
Poderes: Protección y para romper hechizos.
Usos mágicos: Se emplea como amuleto para mantener alejado el mal y también para romper maldiciones.

LINO *(Linum usitatissimum)*

Nombres populares: Linaza.
Género: Masculino.
Planeta: Mercurio.
Elemento: Fuego.
Deidad: Hulda.
Poderes: Dinero, protección, belleza, poderes psíquicos y curación.
Usos rituales: El lino fue utilizado en los ritos dedicados a Hulda, la primera diosa teutónica en enseñar a los mortales a cultivar el lino, a hilarlo y a tejer paños con él.
Usos mágicos: Las semillas del lino se emplean en los hechizos de dinero. Pueden guardarse unas pocas en el bolsillo, en la billetera o monedero, o poner en el altar en un frasco junto con unas cuantas monedas. Esta operación debe realizarse a diario para obtener dinero. Un poco de lino dentro del zapato evita la pobreza.

Las flores del lino azul se llevan consigo como protectoras contra la brujería. Para protegerse mientras duerme, mezcle semillas de lino con semillas de mostaza en igual cantidad, y coloque la mezcla cerca de su cama. Ponga al otro lado de la cama un recipiente de agua fría.

Una combinación de pimienta roja con semillas de lino, metidas dentro de una caja en algún lugar dentro de la casa, evitará que el mal penetre en ella. Para asegurarse que su hijo llegue a ser una persona hermosa y atractiva, déjele bailar entre el lino en flor a la edad de siete años.

Rocíe el altar con semillas de lino mientras efectúe ritos curativos, o inclúyalo en fórmulas curativas. Para contribuir a la curación del lumbago, ate una madeja de lino alrededor de las ijadas.

LIQUIDAMBAR
(Liquidambar spp.)
Nombres populares: Goma dulce, erizo de bruja vudú y erizo de bruja.
Género: Masculino.
Planeta: Sol.
Elemento: Fuego.
Poderes: Protección.
Usos mágicos: Las vainas de las semillas se colocan en el altar o se sostienen durante los ritos mágicos para protegerse de las fuerzas negativas. La corteza se sustituye por la del estoraque.

LIRIO *(Lilium spp.)*
Género: Femenino.
Planeta: Luna.
Elemento: Agua.
Deidades: Venus, Juno, Nepthys y Kwan Yin.
Poderes: Protección y ruptura de hechizos de amor.
Usos mágicos: Plante lirios en el jardín para mantener alejados a los fantasmas y al mal. Protege del mal de ojo y evita las visitas indeseables a su domicilio.

Los lirios son un buen antídoto para los hechizos de amor; con este propósito debe llevarse un lirio fresco.

Para conseguir pruebas en la resolución de un delito cometido el año anterior, entierre un trozo de cuero viejo en un lecho de lirios.

El primer lirio blanco de la estación dará fortaleza a quien lo encuentre.

LIRIO AZUL *(Iris versicolor)*

VENENOSO

Nombres populares: Azucena, flor de lis, Iris, lirio hepático, lirio venenoso, lirio de serpiente, lirio de agua, iris de agua.

Género: Femenino.

Planeta: Venus.

Elemento: Agua.

Poderes: Dinero.

Usos mágicos: Lleve consigo la raíz para obtener beneficios económicos. También se coloca dentro de las cajas registradoras para aumentar las ventas.

LIRIO FLORENTINO

(Iris florentina)

Nombres populares: Iris florentino, raíz de la reina Isabel.

Género: Femenino.

Planeta: Venus.

Elemento: Agua.

Deidades: Afrodita, Isis, Osiris, Hera e Iris.

Poderes: Amor, protección, adivinación.

Usos mágicos: La raíz de esta planta se usa para buscar y conservar el amor.

Puede llevarse la raíz entera, añadirse en polvo a los saquitos, esparcirse sobre hojas de papel, ropas y el cuerpo, al igual que por toda la casa. La raíz en polvo se conoce también como "polvos para atraer el amor".

En Japón se empleaba como protector contra los malos espíritus; las raíces y hojas se colgaban de los aleros de la casa y se echaban al agua del baño para protección personal.

Suspenda una raíz entera de un pequeño cordón o hilo y con este péndulo dé respuesta a sus preguntas.

LOBELIA *(Lobelia inflata)*

VENENOSA

Nombres populares: Hierba del asma y tabaco indio.

Género: Femenino.

Planeta: Saturno.

Elemento: Agua.

Poderes: Detención de tormentas, amor.

Usos mágicos: Arroje un poco de lobelia pulverizada a la tormenta que se aproxima y detendrá su avance. La lobelia también se usa para atraer el amor.

LOTO *(Nymphaea lotus)*

Género: Femenino.

Planeta: Luna.

Elemento: Agua.

Poderes: Protección y apertura de cerraduras.

Usos rituales: El loto se ha venerado durante mucho tiempo en Oriente como símbolo místico de la vida, desde el punto de vista espiritual, y centro del universo. Los antiguos egipcios consideraban esta planta sagrada y se empleaba como ofrenda a los dioses.

Usos mágicos: Quien respire el aroma del loto recibirá su protección.

Ponga su raíz debajo de la lengua, y diga estas palabras: "SIGN, ARGGIS", a una puerta cerrada, y se abrirá milagrosamente.

Las vainas y semillas del loto se utilizan como antídotos en los hechizos de amor, y cualquier parte de la planta que se lleve consigo asegura las bendiciones de los dioses y la buena suerte.

LUNARIA *(Botrychium spp.)*

Nombres populares: Caballo desherrado.

Género: Femenino.

Planeta: Luna.

Elemento: Agua.

Poderes: Dinero y amor.

Usos mágicos: Existe la suposición que guardar lunaria en cajas y bolsas produce plata. Se ha utilizado mucho tiempo en hechizos de dinero de todo tipo.

Este helecho también se emplea para abrir cerraduras (poniéndolo en el ojo de la cerradura) y para romper cadenas (con sólo tocarlas).

Tanto los caballos como las personas que pisen accidentalmente una lunaria perderán las herraduras o los zapatos, según una antigua tradición. La lunaria también se utiliza en hechizos de amor.

LUNARIA *(Lunaria spp.)*

Nombres populares: Lunaria, hierba del dinero y hierba de la plata.

Género: Femenino.

Planeta: Luna.

Elemento: Tierra.

Poderes: Dinero y ahuyentador de monstruos.

Usos mágicos: La lunaria se utiliza en hechizos de dinero, pues las vainas de las semillas semejan monedas de plata. Póngase una de ellas bajo una vela de color verde y quémela hasta convertirla en cenizas, o póngase en el monedero o bolsillo para atraer dinero.

LÚPULO *(Humulus lupulus)*

Nombres populares: Flores de cerveza.
Género: Masculino.
Planeta: Marte.
Elemento: Aire.
Poderes: Curación y sueño.
Usos mágicos: Una almohada rellena de lúpulo seco proporciona sueño y descanso.

Se emplea además en saquitos e inciensos curativos.

LLANTÉN *(Plantago spp.)*

Nombres populares: Pan de cuco, pie de inglés, hoja de Patricio, hoja de S.Patricio, slan-lus, mordedura de serpiente, hierba de serpiente, weybroed (anglosajón) y pie de hombre blanco.
Género: Femenino.
Planeta: Venus.
Elemento: Tierra.
Poderes: Curación, fuerza, protección y repelente de serpientes.
Usos mágicos: Atese el llanten a la cabeza con una lana roja para curar los dolores de cabeza, y bajo los pies para quitar el cansancio.

El llanten también se cuelga en el coche para protegerlo de la intrusión de malos espíritus. Llevar un trozo de su raíz en el bolsillo protege a su portador contra mordeduras de serpientes.

MACIS *(Myristica fragrans)*

Género: Masculino.

Planeta: Mercurio.

Elemento: Aire.

Poderes: Poderes psíquicos y poderes mentales.

Usos mágicos: El macis se quema para aumentar los poderes psíquicos y se lleva consigo para mejorar el intelecto.

MADERA DE ACEDURA

(Oxalis acetosella)

Nombres populares: Campanas de hada, surelle, hierba trifolia, hierba amarga, tres hojas, madera amarga.

Género: Femenino.

Planeta: Venus.

Elemento: Tierra.

Poderes: Curación y salud.

Usos mágicos: Las hojas secas de acedera previene las enfermedades cardiacas. Colocar acedera fresca en la habitación de un enfermo le ayuda a recuperarse de la enfermedad y de las heridas.

MADRESELVA

(Lonicera caprifolium)

Nombres populares: Madreselva holandesa, hoja de cabra y madreselva.

Género: Masculino.

Planeta: Júpiter.

Elemento: Tierra.

Poderes: Dinero, poderes psíquicos y protección.

Usos mágicos: Rodee velas verdes con flores de madreselva para atraer dinero, o también póngalas en un jarrón.

Machaque suavemente las flores frescas y, luego, frótelas sobre la frente para aumentar los poderes psíquicos.

Si una madreselva crece cerca de su casa, le traerá buena suerte, y si crece sobre la puerta conseguirá mantener las fiebres alejadas.

MADROÑO *(Arbutus unede)*

Género: Masculino.
Planeta: Marte.
Elemento: Fuego.
Deidad: Cardea.
Poderes: Exorcismo, protección.
Usos mágicos: Los romanos lo utilizaban para expulsar el mal, y también para proteger a los niños pequeños. También se emplea en exorcismos desde los tiempos de la antigua Grecia.

MAGNOLIA
(Magnolia grandifolia)

Nombres populares: Magnolia azul, árbol del pino y sasafrás del pantano.
Género: Femenino.
Planeta: Venus.
Elemento: Tierra.
Poderes: Fidelidad.
Usos mágicos: Ponga un poco de magnolia cerca de la cama o debajo de ésta para conservar la fidelidad de una relación.

MAGUEY *(Agave spp.)*

Nombre popular: Agave.
Género: Masculino.
Planeta: Marte.
Elemento: Fuego.
Poderes: Deseo sexual.
Usos mágicos: El jugo de maguey se ha venido utilizando durante mucho tiempo en pociones para el deseo sexual.

MAÍZ *(Zea mays)*

Nombres populares: Dador de vida, maize, madre sagrada y semilla de semillas.
Género: Femenino.
Planeta: Venus.
Elemento: Tierra.
Poderes: Protección, suerte, adivinación.
Usos rituales: La Madre o Diosa del maíz es una deidad de la abundancia y de la fertilidad, largo tiempo venerada en todo el Este y Norte de América. Los Zunis utilizan colores diferentes de maíz en sus ritos religiosos. Un alimento hecho con maíz azul se emplea para bendecir y se esparce como ofrenda.

Usos mágicos: De un cubo de maíz saque una espiga cualquiera y cuente los granos. Dele a cada año doce granos y sabrá su edad.

Se coloca una espiga de maíz dentro de la cuna para proteger al bebé de las fuerzas negativas. Un racimo de mazorcas colgadas de un espejo traen buena suerte al hogar, y un collar hecho con granos secos de maíz rojo previene las hemorragias nasales.

El polen de maíz lo usaban los antiguos pueblos americanos para producir lluvia, probablemente lanzándolo al aire.

En un tiempo, en las montañas de los Estados Unidos, si un parto se presentaba difícil se quemaban mazorcas de maíz rojo en la entrada de la cabaña (o incluso bajo la cama) para acelerar el proceso.

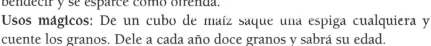

MALVA *(Malva spp.)*

Género: Femenino.
Planeta: Luna.
Elemento: Agua.
Poderes: Amor, protección y exorcismo.
Usos mágicos: Si su amante lo ha abandonado, tome un ramo de malvas y póngalo en un jarrón y sáquelo a la puerta (o ventana). Esto hará que dicha persona piense en usted y tal vez vuelva a su lado. La malva se lleva para atraer el amor.

Para hacer un ungüento mágico protector, coloque hojas de malva en aceite vegetal y después cuélelas. Fregar ungüento sobre la piel ahuyenta a los demonios y también protege de los perjudiciales efectos de la magia negra.

MANDRÁGORA

(Mandragora officinale) VENENOSA
Nombres populares: Alraun, antropomorfo, baaras, ladrón del cerebro, circeium, circoea, galgenmannchen, hierba de circe, mandragen, mandragor, mannikin, semihomo, limón silvestre.
Género: Masculino.
Planeta: Mercurio.
Elemento: Fuego.
Deidades: Hécate, Ator.
Poderes: Protección, fertilidad, dinero, amor y salud.
Usos mágicos: Una raíz de mandrágora entera, colocada sobre la chimenea del hogar, dará a la casa protección, fertilidad y prosperidad. También se cuelga del cabecero de la cama para que dé protección durante el sueño; atrae el amor y evita contraer enfermedades.

Donde haya una mandrágora no pueden habitar los demonios, por eso esta raíz se usa en exorcismos.

Para "activar" una raíz de mandrágora seca (es decir, para despertar sus poderes), póngala en algún lugar prominente de la casa y déjela allí durante tres días. Luego métala en agua templada y déjela toda noche. La raíz quedará activada y puede ser empleada en cualquier acto de magia. El agua dentro de la que estuvo inmersa la raíz se puede esparcir por las ventanas y las puertas de la casa para protegerla, o sobre personas para purificarlas.

La mandrágora también ha servido durante largo tiempo como muñeco (fetiche) en la magia de imágenes, pero su escasez y elevado costo normalmente obligan al mago y al brujo a buscar sustitutos; entre otras se han empleado raíces de fresno, manzanas, raíz de nuez y manzana de mayo americana.

Se dice que el dinero colocado junto a una raíz de mandrágora (sobre todo las monedas de plata) se duplica, y que el perfume de la mandrágora produce sueño.

MANO DE LA SUERTE
(*Orchis spp.*)

Nombres populares: Mano de poder, raíz de la mano, mano amiga y salap.

Genero: Femenino.

Planeta: Venus.

Elemento: Agua.

Poderes: Empleo, suerte, protección, dinero y viajes.

Usos mágicos: Es la raíz de una planta orquídea, una de las más famosas en la magia botánica de Nueva Orleans. Se ha colocado en saquitos y bolsas de conjuros para la buena suerte y éxito en general; se lleva consigo para conseguir empleo o conservarlo y para asegurarse la protección contra todas las enfermedades.

Llene un frasco con aceite de rosas. Ponga varias manos de la suerte dentro del aceite y deje que se empapen. Cuando necesite algo, saque una de las raíces y llévela consigo. Si necesita amor, llévela cerca del corazón; si desea viajar, póngala en un zapato; si necesita dinero, cárguela en su billetera o monedero, y así sucesivamente.

MANTO DE LA DAMA
(Alchemilla vulgaris)

Nombres populares: Pie de oso, leon-topodio, pie de león, nueve anzuelos y stellaria.

Género: Femenino.

Planeta: Venus.

Elemento: Agua.

Poderes: Amor.

Usos mágicos: Use esta hierba en encantamientos y saquitos de amor.

MANZANA *(Pyrus spp.)*

Nombres populares: Fruta de los dioses, fruta del infierno, rama de plata, árbol del amor.

Género: Femenino.

Planeta: Venus.

Elemento: Agua.

Deidades: Venus, Dionisos, Olwen, Apolo, Hera, Atenea, Afrodita, Diana, Zeus, Iduna.

Poderes: Amor, curación, jardín mágico, inmortalidad.

Usos rituales: El 13 de agosto se celebraba la fiesta de Diana en Grecia (la de Venus en Roma) y ese día se preparaba una comida ritual, parte de la cual consistía en manzanas aún colgadas de las ramas.

Los altares wicca se llenaban de manzanas en el Samhain, ya que ésta era considerada uno de los alimentos de los muertos. Por la misma razón, el Samhain se conoce a veces por "Fiesta de las manzanas".

La manzana es un símbolo de la inmortalidad. Una rama de manzano que tuviese brotes, flores y fruta madura (a veces conocida por Rama de Plata), era una especie de encanto mágico que permitía a su propietario entrar en la tierra de los dioses, en el infierno, según la mitología celta.

En la antigua balada inglesa *Thomays the Rymour* (Tomás el Poeta), la Reina de las Hadas advierte a Tomás que no coma las manzanas y peras que cuelgan de su jardín, pues comer el alimento de los muertos asegura que no podrá volver al mundo de los vivos.

En algunas tradiciones wicca, la manzana es un símbolo del alma, y por eso se entierran en el Samhain, para que quienes renazcan en la primavera tengan alimento durante los fríos meses del invierno.

Usos mágicos: La manzana se ha empleado durante mucho tiempo en los hechizos de amor. Las flores se añaden a los saquitos de amor, a las pociones y a los inciensos, y se impregnan con cera derretida de color rosa, después se filtran, para hacer velas que se queman y atraen el amor.

Un hechizo amoroso consiste en cortar una manzana por la mitad y compartirla con la persona amada. Este acto asegura que serán felices juntos. Un hechizo similar indica que tome una manzana en sus manos hasta calentarla, y, después, dársela a la persona deseada. Si él o ella la come, su amor será correspondido.

Las manzanas también se utilizan en adivinaciones de amor, que tan populares fueron durante muchos siglos entre las doncellas europeas. Cortar simplemente una manzana en dos y contar el número de semillas. Si resulta un número par, pronto tendrá lugar el casamiento. Si se corta una de las semillas, puede haber una relación conflictiva. Si se cortan dos, predice viudez. Sin embargo, si el número de semillas es impar, la mujer seguirá soltera en un futuro próximo.

Un último hechizo de amor. Coja una manzana antes que se caiga del árbol y escriba en ella con un cuchillo afilado lo siguiente:

Aleo + Deleo + Delato.

Mientras lo hace diga las siguientes palabras:

*Yo te conjuro, manzana, por estos nombres que están escritos en
ti, a que la mujer (o el hombre) que te toque y te saboree, me ame
y se queme en mi amor como cera que el fuego derrite.*

Luego ofrezca la manzana a quien desee, pero queda advertido que esto puede ser manipulación.

Para la curación, corte una manzana en tres trozos, frote cada uno de ellos contra la zona afectada del cuerpo y, después, entiérrelos. Realice lo anterior en Cuarto menguante para eliminar las enfermedades.

Si es usted jardinero, derrame sidra sobre la tierra recién removida para darle vida antes de plantar. Derrame, también, libaciones sobre las raíces antes de los ritos con árboles. Si cultiva manzanas, entierre trece hojas de un manzano después de la cosecha para asegurarse una buena producción el año siguiente.

Los nórdicos, lo mismo que otros muchos pueblos, comían manzanas para conseguir la inmortalidad a través de la sabiduría. La madera del manzano puede convertirse en encantos para obtener longevidad.

De la madera de manzano también se hacen excelentes varas mágicas utilizadas en ritos de amor. Utilice sidra de manzana en lugar de sangre cuando se requiera ésta en antiguas recetas.

Las manzanas pueden convertirse en muñecas o figuras mágicas para su uso en hechizos, o pueden esculpirse figuras en la misma madera.

Antes de comer una manzana, frótela para eliminar los demonios o malos espíritus que pudieran encontrarse en su interior

Por último, los unicornios viven debajo de los árboles de manzano. Si sabe donde hay uno, acérquese con cuidado en un día un poco lluviono. Quizás verá un unicornio comiendo tranquilamente manzanas mágicas.

MARGARITA *(Chrysanthemum leucanthemum—* **Margarita americana;** *Bellis perenis—* **Margarita europea)**

Nombres populares: Ojos, margarita campestre y margarita de la Luna.

Género: Femenino.

Planeta: Venus.

Elemento: Agua.

Deidades: Freya, Artemis y Tor.

Poderes: Deseo sexual y amor.

Usos mágicos: Se dice que quien arranque la primera margarita de la estación, estará poseído por "un espíritu de coquetería" sin control.

Duerma con una raíz de margarita bajo la almohada y el amante ausente volverá a su lado. Si se lleva consigo, atraerá amor.

MARRUBIO
(Marrubium vulgare)

Nombres populares: Sangre de toro, ojo de la estrella, marrubio, Llwydy cwn(galés), maruil, semilla de Horus, té del soldado y marrubio blanco.

Género: Masculino.

Planeta: Mercurio.

Elemento: Aire.

Deidad: Horus.

Poderes: Protección, poderes mentales, exorcismo y curación.

Usos rituales: Esta hierba se quemaba en Horus, el antiguo Dios Egipcio, de quien la planta recibe el nombre.

Usos mágicos: El marrubio se usa en saquitos protectores para protegerse de la brujería y la sugestión. Se esparce como hierba exorcista.

Beba una infusión de la hierba para despejar su mente, pensar rápido y fortalecer las facultades mentales. El marrubio, mezclado con ceniza de hojas y colocado en un recipiente de agua, libera vibraciones curativas. Colóquese en la habitación del enfermo.

MATAPULGAS
(Inula dysenterica)

Género: Femenino.

Planeta: Venus.

Elemento: Agua.

Poderes: Exorcismos, protección y castidad.

Usos mágicos: Planta empleada desde la antigüedad para exorcizar los malos espíritus, y para evitar que penetren en la casa. Para conseguirlo basta con atar un poco de matapulgas, junto con unas cuantas hojas de hierba de san Juan, trigo y unas alcaparras, ponerlas en un saquito y colgarlo del dintel de la puerta.Las semillas en las sábanas producen castidad.

MATRICARIA
(Chrysanthemum parthenium)
Nombres populares: Planta febrífuga.
Género: Masculino.
Planeta: Venus.
Elemento: Agua.
Poder: Protección.
Usos mágicos: Para protegerse de los resfriados, las fiebres y de los accidentes.

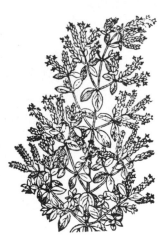

MEJORANA
(Origanum majorana ó O. vulgare)
Nombres populares: Alegría de la montaña, marjorlaine, menta de montaña, mejorana, mejorana dulce y dulce invierno.
Género: Masculino.
Planeta: Mercurio.
Elemento: Aire.
Deidades: Venus y Afrodita.
Poderes: Protección, amor, felicidad, salud y dinero.
Usos mágicos: La mejorana se utiliza en hechizos de amor y además se coloca en las comidas para fortalecerlo.

Protege cuando se lleva consigo, cuando se pone alrededor de la casa, y un poco en cada habitación; se renueva cada mes. Cultivada en el jardín ofrece poderes protectores contra el mal.

Las violetas y la mejorana, mezcladas se llevan durante los meses de invierno como amuleto contra los resfriados.

Si se da a tomar mejorana a una persona que padece depresión, le hace feliz. También se utiliza en las mezclas y en los saquitos de dinero.

MELISA *(Melissa officinalis)*

Nombres populares: Bálsamo de abeja, bálsamo de limón, melisa, bálsamo dulce, melisa dulce.
Género: Femenino.
Planeta: Luna.
Elemento: Agua.
Poderes: Amor, éxito, curación.
Usos mágicos: La magia de hierbas árabe afirma que la melisa puede utilizarse para influir en el amor. Remoje la hierba en vino durante varias horas, cuélela y compártala con alguna amistad. O bien, lleve la hierba consigo para encontrar amor.

También se emplea en las curaciones mágicas, y Plinio dijo que sus poderes eran tan grandes que si se unía a una espada que hubiera producido herida, la sangre quedaría inmediatamente restañada. Aunque la heridas de espada son raras en la actualidad, la melisa todavía se utiliza en bolsitas e inciensos curativos.

También se puede emplear en hechizos para asegurar el éxito, y si usted es apicultor, frote esta hierba contra las colmenas y atraerá nuevas abejas y conservará las viejas.

MELOCOTÓN *(Prunus persica)*

Género: Femenino.
Planeta: Venus.
Elemento: Agua.
Poderes: Amor, exorcismo, longevidad, fertilidad y deseos.
Usos mágicos: Comer esta fruta induce al amor. Servir esta fruta o un pastel de melocotón a la persona deseada puede

ayudar a conquistar su corazón. También se come para obtener sabiduría.

En China se utilizan las ramas del melocotonero para alejar a los malos espíritus y también para extirpar enfermedades y los niños llevan colgado del cuello una semilla de melocotón para mantener alejados a los demonios.

Llevar consigo un poco de madera de esta planta aumenta la expectativa de vida de la persona y puede, incluso, llevar a la inmortalidad.

Los japoneses emplean el melocotón para acrecentar la fertilidad, y las ramas del árbol se usan como varas mágicas y adivinatorias.

MEMBRILLO *(Cydonia spp.)*

Género: Femenino.
Planeta: Saturno.
Elemento: Tierra.
Deidad: Venus.
Poderes: Protección, amor y felicidad.
Usos rituales: Las leyendas relacionan al membrillo con diversas deidades y adoraciones. En el arte pompeyano puede verse membrillos en garras de osos, probablemente haciendo referencia a alguna relación mitológica.
Usos mágicos: Llevar semilla de membrillo protege contra el mal, el daño físico y los accidentes.

En tiempos de los romanos, la pareja de novios compartían un membrillo para asegurarse felicidad en el futuro. Las mujeres embarazadas comen membrillos para que sus hijos sean "ingeniosos". Sirva membrillo a las personas amadas para asegurar la felicidad.

MENTA *(Mentha piperita)*

Nombres populares: Menta de brandy.
Género: Masculino.
Planeta: Mercurio.
Elemento: Fuego.
Deidad: Plutón.
Poderes: Purificación, sueño, amor, curación y poderes psíquicos.

Usos mágicos: La menta se ha usado durante mucho tiempo en hechizos de curación y de purificación. Su presencia aumenta las vibraciones de un lugar. Si se huele, induce al sueño, y si se coloca bajo la almohada, a veces, da una visión del futuro en los sueños.

Se frota contra los muebles, las paredes y los suelos para limpiarlos del mal y de fuerzas negativas. Plinio afirmaba que la menta excita al amor y por eso puede añadirse a este tipo de mezclas.

MENTA CÍTRICA
(Mentha citrata)

Nombres populares: Bergamot y menta de naranja.
Género: Masculino.
Planeta: Mercurio.
Elemento: Aire.
Poderes: Dinero.

Usos mágicos: Las hojas del bergamot naranja se guardan en billeteras y monederos para atraer el dinero. También se frota éste con hojas verdes antes de gastarlo para asegurar su retorno. Se utiliza en rituales y hechizos para obtener éxito.

MENTA ROMANA
(Mentha spicata)

Nombres populares: Menta marrón, menta de jardín, menta verde, menta de Nuestra Señora y Hierbabuena.

Género: Femenino.

Planeta: Venus.

Elemento: Agua.

Poderes: Curación, amor y poderes mentales.

Usos mágicos: La menta romana se emplea en todas las aplicaciones curativas, sobre todo en las enfermedades pulmonares. Oler la menta romana aumenta y agudiza los poderes mentales.

Para protegerse mientras duerme, rellene la almohada o el colchón con menta romana (Hierbabuena)

MEZQUITE *(Prosopis juliflora)*

Nombres populares: Mizquitl (azteca)

Género: Femenino.

Planeta: Luna.

Elemento: Agua.

Poderes: Curación.

Usos mágicos: Añádase a inciensos curativos y mezclas. La mezquite también se emplea como combustible para fuegos mágicos.

MILENRAMA
(Achillea millefolium)

Nombres populares: Achillea, hierba de carpintero, flor de la muerte, ortiga del diablo, militaris, hierba militar, mostaza del viejo, pimienta del viejo, sanguinaria, amor de siete años, hierba de serpiente, tanaceto y Yerw.

Género: Femenino.

Planeta; Venus.

Elemento: Agua.

Poderes: Valor, amor, poderes psíquicos y exorcismo.

Usos mágicos: Si se lleva encima, protege a su portador, y cuando se sostiene en la mano, frena el miedo y confiere valor.

Un ramo de milenrama seca colgado de la cama o empleada en la decoración nupcial asegura un amor que durará al menos siete años. También se utiliza en los hechizos de amor.

Proporciona amor y atrae a los amigos y parientes lejanos con quienes desee entrar en contacto. Llama la atención de aquellos a quienes usted más desea ver.

Con las flores se hace una infusión y el té resultante se bebe para aumentar los poderes psíquicos.

Lavarse la cabeza con una infusión de milenrama evitará la calvicie, pero no curará si ésta ya ha comenzado. Igualmente es utilizada para exorcizar el mal y la energía negativa de las personas, lugares o cosas.

MIMOSA *(Acacia dealbata)*

Género: Femenino.

Elemento: Agua.

Poderes: Protección, amor, sueños proféticos y purificación.

Usos mágicos: La mimosa se usa en hechizos relacionados con la purificación (espárzase por toda el área), amor, curación y sueños proféticos.

Un baño de mimosa (o una infusión de la planta frotada por el cuerpo con una esponja) destruye hechizos y maldiciones, y protege de problemas futuros.

MIRRA *(Commiphora myrrha)*

Nombres populares: Mirra gomosa, karan y mirra balsom odendron.

Género: Femenino.

Planeta: Luna.

Elemento: Agua.

Deidades: Isis, Adonis, Ra y Marian.

Poderes: Protección, exorcismos, curación y espiritualidad.

Usos rituales: En el antiguo Egipto se quemaba mirra al mediodía en honor a Ra, y también se humeaba en los templos de Isis.

Usos mágicos: Quemada con incienso, la mirra purifica el lugar, crea vibraciones y paz. Rara vez se quema sola; normalmente se hace en conjunción con incienso y otras resinas. Aumenta el poder de cualquier incienso al que se añada. También se incluye en inciensos y saquitos curativos, y su humo se utiliza para consagrar, purificar y bendecir amuletos, talismanes, encantamiento y herramientas mágicas.

MIRTO *(Myrtus communis)*

Género: Femenino.

Planeta: Venus.

Elemento: Agua.

Deidades: Venus, Artemis, Afrodita, Hathor, Astarte, Ashtoreth y Marian.

Poderes: Amor, fertilidad, juventud, paz y dinero.

Usos mágicos: El mirto ha sido considerado durante mucho tiempo una hierba de "amor". Llevar una corona de hojas y flores frescas sobre la cabeza mientras se realizan hechizos de amor resulta muy apropiada. El mirto se añade a los saquitos y hechizos de amor, sobre todo a los que están pensados para mantener el amor vivo y apasionado.

También se lleva para aumentar la fertilidad, pero, curiosamente también lo llevan las novias en la boda para asegurarse que no van a quedar en estado rápidamente.

Llevar madera de mirto conserva la juventud. Beber una taza de te de mirto cada tres días tendrá el mismo resultado, pero debe beberse cada tres días sin falta. Cuando se lleva, el mirto conserva el amor. Si se cultiva en cada lado de la casa, el amor y la paz vivirá dentro de ella; es una planta que da suerte cuando se cultiva en los jardines de las ventanas, si ha sido plantada allí por una mujer. El mirto también se usa en hechizos de dinero.

MOLUKKA

Nombres populares: Huevos de hada, nuez de la Virgen María.

Poderes: Protección.

Usos mágicos: Los frutos de la molukka blanca se cuelgan alrededor del cuello para indicar, lo mismo que para anular, hechizos y maldiciones. Si éstos se vuelven negros es que han desviado un hechizo maligno.

MORA *(Morus rubra)*

Género: Masculino.
Planeta: Mercurio.
Elemento: Aire.
Deidades: Minerva, San Ku Fu Jen y Diana.
Poderes: Proporciona fortaleza y protección. La mora protege el jardín del rayo. También sirve de ayuda cuando se trabaja con la voluntad, y la madera del árbol es un potente protector contra el mal. También se hacen varas de esta planta.

MOSTAZA *(Brassica spp.)*

Género: Masculino.
Planeta: Marte.
Elemento: Fuego.
Deidad: Escolapio.
Poderes: Fertilidad, protección y poderes mentales.
Usos mágicos: Los hindúes empleaban esta semilla para viajar por los aires. Un uso más práctico consiste en llevar la semilla en un saquito hecho de tela roja para evitar los catarros y para aumentar los poderes mentales.

Los campesinos italianos esparcen las semillas sobre el suelo de la puerta con fines protectores; y enterrada bajo el escalón de la puerta, proteje el hogar de seres sobrenaturales. Comer estas semillas aumentará la fertilidad en la mujer.

MUÉRDAGO *(Viscum album—* muérdago europeo; *Phoradendron flavescens—* muérdago americano)

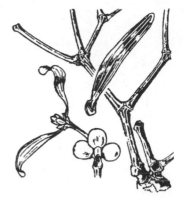

Nombres populares: Curalotodo, lima de pájaro, fuga del diablo, Donnerbesen, muérdago europeo, madera santa, lignam sanctae crucis, escoba de brujas y madera de la cruz.

Género: Masculino.

Planeta: Sol.

Elemento Aire.

Deidades: Apolo, Freya, Frigga, Venus y Odín.

Poderes: Protección, amor, cacerías, fertilidad, salud y exorcismos.

Usos rituales: Como es bien sabido, los druidas veneraban el muérdago, sobre todo cuando lo encontraban en un roble. Se cortaba (y todavía se hace) hacia mediados del verano, o bien cuando la Luna tenía seis días. La hierba se cortaba de un tajo con una hoz de oro y no se permitía que tocase la tierra.

Usos mágicos: Empleado durante mucho tiempo para protegerse del rayo, la enfermedad, desgracias de todo tipo, incendios, etc.; para ello se lleva consigo o se coloca en un lugar apropiado. Se emplean sus hojas y sus bayas. El muérdago se ponía en las cunas de los niños para protegerlos de no ser robados por las hadas y reemplazados por otros diferentes.

Un anillo tallado hecho con madera de muérdago alejará las enfermedades; la planta también curará rápidamente las heridas recientes (no debe aplicarse sobre la herida)

El muérdago también se lleva para que dé buena suerte en las cacerías; las mujeres llevarán dicha planta para que les ayude a concebir. Si se deja cerca de la puerta del dormitorio, el muérdago proporciona un descanso reparador y hermosos sueños, al igual que cuando se coloca debajo de la almohada o se cuelga del cabecero de la cama.

Bese a su amante debajo de un muérdago y permanecerá enamorado. Si está quemado ahuyenta el mal. Esta es una hierba útil para todos los fines.

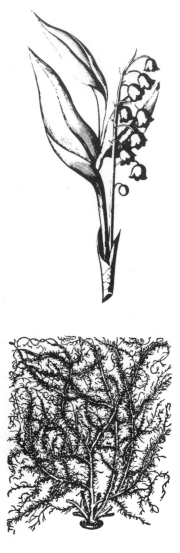

MUGUETE

(Convallaria magalis) VENENOSA

Nombres populares: Convallaria, escalera de Jacob, escalera al cielo, lirio macho, lirio de mayo, lágrimas de nuestra señora, lirio de la constancia.

Género: Masculino.

Planeta: Mercurio.

Elemento: Aire.

Deidades: Apolo y Escolapio.

Poderes: Poderes mentales y felicidad.

Usos mágicos: Se utiliza para mejorar la memoria y el intelecto. Cuando se coloca en una habitación, sus flores alegran el corazón y levantan el ánimo de los presentes.

MUSGO

Poderes: Suerte y dinero.

Usos mágicos: Llevar musgo (de cualquier tipo) en el bolsillo, tomado de una lápida sepulcral, es de buena suerte, sobre todo en lo referente a lo económico. El musgo se emplea para rellenar muñecas, cualquiera que sea su propósito.

MUSGO DE IRLANDA
(Chondrus crispus)

Nombres populares: Musgo de perla.
Género: Femenino.
Planeta: Luna.
Elemento: Agua.
Poderes: Dinero, suerte y protección.
Usos mágicos: El musgo irlandés se lleva consigo o se coloca bajo las alfombras para aumentar la suerte y para asegurar ingresos constantes en el hogar o en los bolsillos de la persona.

Esta planta también se lleva en los viajes para protección y seguridad, y se utiliza para rellenar muñecas de la suerte o de dinero.

MUSGO ESPAÑOL

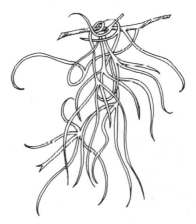

Poderes: Protección.
Usos mágicos: El musgo español es protector tanto si crece sobre la casa como dentro de ella. Se usa para rellenar muñecas protectoras y se añade también a los saquitos protectores.

NARANJA *(Citrus sinesis)*

Nombre popular: Fruta del amor.
Género: Masculino.
Planeta: Sol.
Elemento: Fuego.
Poderes: Amor, adivinación, suerte, dinero.
Usos mágicos: La cáscara y las semillas secas se añaden a los saquitos de amor, y las flores a los saquitos diseñados para la felicidad conyugal. Si se añaden flores frescas o secas al baño, hará más atractivo a quien se baña.

Cuando coma una naranja, piense en una pregunta que tenga como respuesta un sí o un no. Cuente las semillas de la naranja: si su número es par, la respuesta será no. Si es impar, sí. La cáscara se coloca en los polvos, incienso y mezclas para obtener prosperidad. Los chinos la han considerado durante mucho tiempo símbolo de la suerte y de la buena fortuna.

En los rituales se bebe jugo de naranja en vez de vino. Tomar una infusión hecha con cáscaras de naranja protegerá contra la embriaguez. El agua destilada de flores de naranjo se añade a las pociones y baños de amor y deseo sexual.

NARCISO TROMPÓN
(Narcissus spp.)

Nombres populares: Fleur·de Coucou, azucena de Cuaresma, narciso y porillon.
Género: Femenino.
Planeta: Venus.
Elemento: Agua.
Poderes: Amor, fertilidad y suerte.
Usos mágicos: La flor se pone en el altar durante los hechizos de amor, o se lleva consigo. Si se ponen dentro del dormitorio, las flores frescas aumentan

la fertilidad. Si arranca un narciso y lo lleva cerca del corazón, la buena suerte se cruzará en su camino con seguridad.

NARDO *(Inula conyza)*

Nombre popular: Nardo.
Género: Femenino.
Planeta: Venus.
Elemento: Agua.
Poderes: Fertilidad y salud.
Usos mágicos: Llevar nardos alrededor del cuello da buena suerte y aleja las enfermedades. También se utiliza para guardar fidelidad.

NOGAL AMERICANO
(Carya spp.)

Poderes: Asuntos legales.
Usos mágicos: Queme un poco de raíz de nogal hasta que se convierta en ceniza. Mézclela con potentilla y ponga la mezcla en una caja. Cuélguela de la puerta para asegurarse que no tendrá problemas con la ley.

NUEZ

Poderes: Fertilidad, prosperidad, amor y suerte.

Usos mágicos: Todas las nueces son potentes inductores de la fertilidad. Es por esta razón que se incluyen en muchas mezclas para obtener prosperidad y dinero.

Las nueces en forma de corazón se llevan para que fomenten el amor, mientras que las dobles nueces son encantamientos de muy buena suerte.

NUEZ *(Juglans regia)*

Nombres populares: Carya, nuez del Cáucaso, nuez inglesa y árbol del mal.

Género: Masculino.

Planeta: Sol.

Elemento: Fuego.

Poderes: Salud, poderes mentales, fertilidad y deseos.

Usos rituales: Se cree en Italia que las brujas bailaban bajo los nogales durante sus ritos secretos.

Usos mágicos: Las nueces fortalecen el corazón y hacen desaparecer los dolores del reumatismo. También atraen el rayo, por tanto, no debe llevarse esta planta durante una tormenta eléctrica. Si alguien le regala una bolsa de nueces, verá todos sus deseos cumplidos. Colocar hojas de nuez dentro de un sombrero o alrededor de la cabeza evita los dolores de cabeza y las insolaciones.

Si una mujer a punto de contraer matrimonio desea retardar el embarazo, debe colocar en su corpiño tantas nueces tostadas como años desee estar sin hijos. Deberá hacer esto el día de su boda.

NUEZ DE BRASIL
(Bertholletia excellsa)

Género: Masculino.
Planeta: Mercurio.
Elemento: Aire.
Poderes: Amor.
Usos mágicos: Trae buena suerte en el amor si se usa como talismán.

NUEZ MOSCADA
(Myristica fragrans)

Género: Masculino.
Planeta: Júpiter.
Elemento: Fuego.
Poderes: Suerte, dinero, salud, fidelidad.
Usos mágicos: La nuez moscada se ha utilizado durante mucho tiempo como hechizos de buena suerte. Se ensarta con anís estrellado y semillas de tonca para elaborar un poderoso collar de hierbas. Estas nueces se llevan para evitar el reumatismo, catarros, neuralgias, diviesos y orzuelos. Una nuez moscada colgada de un hilo alrededor del cuello de un niño le ayudará a la dentición.

La nuez moscada se incluye en muchas mezclas de dinero y prosperidad, se esparce molida, sobre velas verdes con el mismo propósito.

Para asegurar la fidelidad de su amante, corte una nuez exactamente en cuatro trozos. Entierre uno; arroje otro al aire desde un acantilado; queme el tercero y hierba el último en agua. Beba un sorbo de esta agua y lleve el último trozo de nuez con usted a todas partes; por la noche, duerma con él bajo la almohada. Nadie tentará a su pareja.

OLMO *(Ulmus campestris)*

Nombres populares: Olmo inglés y olmo europeo.
Género: Femenino.
Planeta: Saturno.
Elemento: Agua.
Deidades: Odín, Hoenin y Lord.
Poderes: Amor.
Usos mágicos: En la antigüedad se conocía como "elves" por su popularidad entre los duendes ("elves" significa duendes en Inglés). El olmo se emplea ahora para protegerse del rayo y también para atraer el amor.

OLMO CAMPESTRE
(Ulmus fulva)

Nombres populares: Olmo indio, olmo de alce y olmo rojo.
Género: Femenino.
Planeta: Saturno.
Elemento: Aire.
Poderes: Detiene las murmuraciones.
Usos mágicos: Queme olmo campestre y arroje al fuego un cordón o hilo anudado de color amarillo. Las murmuraciones que haya contra usted se acabarán.

Llevar la corteza de este árbol alrededor del cuello de un niño le proporcionará el don de la persuasión por la palabra cuando sea adulto.

ORQUÍDEA *(Orchis spp.)*

Nombres populares: Sahlab (árabe), Sahleb, Satyrion, Salap oriental.
Género: Femenino.
Planeta: Venus.
Elemento: Agua.
Poderes: Amor.
Usos mágicos: Las orquídeas se han empleado en los hechizos de amor, sobre todo su raíz, la cual se lleva dentro de un saquito. La flor es uno de los símbolos del amor más conocidos en Occidente. Algunos tipos de orquídeas se usan para producir visiones, estados de transe e inducción de los poderes psíquicos.

ORTIGA *(Urtica dioica)*

Nombres populares: Ortiga ancha.
Género: Masculino.
Planeta: Marte.
Elemento: Fuego.
Deidad: Thor.
Poderes: Exorcismos, protección, curación y deseo sexual.
Usos mágicos: La ortiga se ha utilizado en magia durante mucho tiempo. Para eliminar una maldición y devolverla, rellene una muñeca con ortigas, o llévelas en un saquito.

También puede esparcir ortigas alrededor de la casa para impedir que entre el mal. Las ortigas se arrojan al fuego para desviar el peligro, se sostienen en la mano para ahuyentar a los fantasmas, se llevan junto con la milenrama para alejar el temor, y como amuleto para que las fuerzas negativas se mantengan alejadas. Un frasco con ortigas recién cortadas colocado bajo el lecho de un enfermo lo ayudará a recuperarse.

Se ha empleado a veces como hierba inductora al deseo sexual, y los espiritistas mexicanos contemporáneos recomiendan su uso en los baños de purificación por ser "más carnívora y eficaz" que otras plantas.

PACANA *(Carya illinoensis)*

Género: Masculino.
Planeta: Mercurio.
Elemento: Aire.
Poderes: Dinero y empleo.
Usos mágicos: Se añaden a todos los hechizos de dinero y prosperidad.

Para no perder su empleo, consiga una pequeña cantidad de pacanas, desenváinelas y cómaselas lentamente mientras visualiza trabajando y disfrutando de su empleo. Tome las vainas, envuélvalas en un saco y póngalas en algún lugar del trabajo donde no las puedan encontrar ni se las puedan llevar.

PACHULÍ *(Pogostemon cablin o P. patchouli)*

Nombre popular: Pucha-Pot.
Género: Femenino.
Planeta. Saturno.
Elemento: Tierra.
Poderes: Dinero, fertilidad, deseo sexual.
Usos mágicos: El pachulí huele a tierra fértil, y por eso se ha empleado en mezclas de hechizos de dinero y prosperidad. Se esparce sobre el dinero, se pone en bolsas y carteras y se coloca alrededor de la base de velas verdes.

También, y debido a su condición terrenal, el pachulí se emplea en talismanes de fertilidad, y en sustituto por "polvo de lápida".

El pachulí se coloca en los baños y saquitos de amor. Aunque en la magia herbal contemporánea de América basada en el vudú se usa para la "separación", se trata de un concepto moderno y ya no tiene que ver con la tradición. En realidad, el pachulí se emplea para atraer a las personas y para producir deseo sexual, lo que marca las diferencias en la práctica de la magia herbal.

PAJA

Poderes: Suerte y magia de imágenes.

Usos mágicos: La paja da suerte; por consiguiente, a veces se transporta en pequeñas bolsas. Para hacer un talismán de la suerte en el hogar, tome una herradura usada y un poco de paja, métalas dentro de una bolsita y cósala, después póngala encima o debajo de la cama.

Pueden hacerse pequeñas imágenes mágicas de paja y utilizarse luego como muñecas.

PAMPLINA *(Stellaria media)*

Nombres populares: Boca de víbora, pamplina india, passerina, flor de satén, pamplina estrellada, hierba estrellada, stellaire (francés), hierba de lengua, planta invernal y morgelina.

Género: Femenino.

Planeta: Luna.

Elemento: Agua.

Poderes: Fidelidad y amor.

Usos mágicos: Hechizos destinados para atraer amor o a conservar una relación.

PAÑO DE ORO
(Crocus angustifolia)

Poderes: Comprensión del lenguaje de los animales.

Usos mágicos: El paño de oro da la facultad de comprender el lenguaje de los pájaros y de los animales. Para recogerlo habrá de estar descalzo, con los pies lavados y vestido de blanco. Ofrezca un sacrificio de pan y vino, y arránquela con suavidad. Lleve la planta consigo para obtener dichas facultades.

PAPAYA *(Carica papaya)*

Nombre popular: Paw-Paw.

Género: Femenino.

Planeta: Luna.

Elemento: Agua.

Poderes: Amor y protección.

Usos mágicos: La papaya se ha empleado durante mucho tiempo en múltiples ritos mágicos. Uno de los más sencillos consiste en atar un paño alrededor de una rama de la papaya mientras visualiza aquello que necesita.

Cuelgue varias ramitas de papaya sobre el arco de la puerta; esto impedirá que el mal entre en la casa. Coma su fruto y sírvalo a un ser amado, intensificará el sentimiento amoroso.

PAPIRO *(Cyperus papyrus)*

Género: Masculino.
Planeta: Mercurio.
Elemento: Aire.
Poderes: Protección.
Usos mágicos: Se lleva en las embarcaciones para protegerse de los ataques de los cocodrilos.

PAROSELA *(Parosela spp.; Dalea spp.)*

Nombres populares: Planta cítrica y ruda del desierto.
Poderes: Para la caza.
Usos mágicos: Los indios americanos llevaban la parosela como apoyo mágico para la caza.

PASIONARIA
(Passiflora incarnata)

Nombres populares: Granadilla, maracoc, maypops y viña de pasión.
Género: Femenino.
Planeta: Venus.
Elemento: Agua.
Poderes: Paz, sueño y amistades.
Usos mágicos: Contrario a su nombre, la pasionaria se coloca en la casa para disipar los problemas y traer paz.

Si se lleva consigo, esta planta atrae amistades y una gran popularidad. Si se coloca bajo la almohada, ayuda a dormir.

PATATA *(Solanum tuberosum)*

Nombres populares: Chaquetas de piel, papas, ojos rojos y rocas.

Género: Femenino.

Planeta: Luna.

Elemento: Tierra.

Poderes: Magia de imágenes, curación.

Usos mágicos: Las patatas se emplean como muñecos, y las yemas pueden utilizarse como ojos para fabricar otros tipos de muñecos.

Llevar una patata en el bolsillo cura un dolor de muelas y protege contra el reumatismo, verrugas y gota.

PENSAMIENTO
(Viola tricolor)

Nombres populares: Ojo de pájaro, violeta de jardín, paz de corazón, violeta de caballo, Juan saltador, bésame en la verja del jardín, pequeña madrastra, ídolo del amor y madrastra.

Género: Femenino.

Planeta: Saturno.

Elemento: Agua.

Poderes: Amor, lluvia mágica, adivinación amorosa.

Usos mágicos: Para atraer el amor. También tiene poder para las adivinaciones amorosas. Plante pensamientos en forma de corazón; si prosperan, también lo hará su amor.

La amante de un marinero puede estar segura que él piensa en ella cuando se riega arena de mar sobre el arriate de pensamientos y rociando las flores antes de amanecer. Si se arrancan pensamientos cuando éstos aún tienen gotas de rocío, lloverá pronto.

PEONÍA *(Paeonia officinalis)*

Nombre popular: Peonía.
Género: Masculino.
Planeta: Sol.
Elemento: Fuego.
Poderes: Protección y exorcismos.
Usos mágicos: La peonía ha sido venerada por sus poder de proteger el cuerpo, el espíritu y el alma; en el hogar, ahuyenta a los malos espíritus, y plantado en el jardín, protege del mal y de las tormentas. Además, la peonía se emplea en exorcismos y su raíz se lleva para curar la locura. Solo debe arrancarse de noche, cuando según dicen, sus semillas brillan con luz misteriosa. La raíz a veces se sustituye por mandrágora.

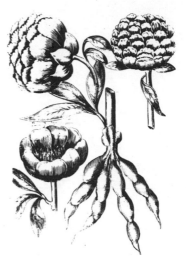

PEPINO *(Cucumis sativus)*

Nombres populares: Cohombro de vaca.
Género: Femenino.
Planeta: Luna.
Elemento: Agua.
Poderes: Castidad, curación y fertilidad.
Usos mágicos: Comer pepino impide el deseo sexual.

Si se extiende su piel sobre la frente, alivia el dolor de cabeza. Las semillas se comen para estimular la fertilidad.

PERA *(Pyrus communis)*

Género: Femenino.
Planeta: Venus.
Elemento: Agua.
Poderes: Deseo sexual y amor.
Usos mágicos: Este fruto se usa en los hechizos de amor, y también se come para producir excitación sexual. La madera del peral es buena para fabricar varas mágicas, y se dice que las brujas bailaban bajo este árbol.

PEREJIL *(Petroselium sativum)*

Nombres populares: Avena del diablo, persil, petroselinum y perejil de roca.
Género: Masculino.
Planeta: Mercurio.
Elemento: Aire.
Deidad: Perséfona.
Poderes: Deseo sexual, protección y purificación.
Usos mágicos: Comer perejil provoca deseo sexual y favorece la fertilidad, pero si está enamorado no corte perejil, pues también cortará su amor.

Aunque esta planta está relacionada con la muerte y con frecuencia se la ha considerado maligna, los romanos solían coser una ramita de perejil en sus togas cada mañana para protegerse. También se pone sobre los platos de comida para preservarla de la contaminación.

El perejil se emplea en los baños de purificación y en aquellos que se realizan para detener todo infortunio. Llevar una corona de perejil en la cabeza previene (o retrasa) la embriaguez.

PIMIENTA *(Pimenta dioica)*

Género: Masculino.
Planeta: Marte.
Elemento: Fuego.
Poderes: Amor.
Usos mágicos: Se ha empleado durante siglos en hechizos y saquitos de amor, sobre todo entre los gitanos. Si se come tiene los mismos efectos.

PIMIENTA *(Piper nigrum)*

Nombre popular: Pimienta negra.
Género: Masculino.
Planeta: Marte.
Elemento: Fuego.
Poderes: Protección y exorcismos.
Usos mágicos: Se añade a los amuletos como protector contra el mal de ojo, y cuando se lleva encima libera la mente de pensamientos relacionados con la envidia. Mezclada con sal y esparcida por la propiedad, disipa el mal.

PIMIENTA DE CHILE
(Capsicum spp.)

Nombre popular: Pimienta roja.
Género: Masculino.
Planeta: Marte.
Elemento: Fuego.
Poderes: Fidelidad, rompedor de hechizos y amor.
Usos mágicos: Si cree que su pareja quiere reemplazarlo, compre dos barras de pimienta seca, crúcelas y átelas con una cinta de color rojo o rosa. Póngalo debajo de su almohada y le ayudará a conservar la fidelidad en su matrimonio.

Si es usted víctima de una maldición, esparza pimienta roja alrededor de su casa para romper el hechizo. La pimienta roja también se usa en polvos de amor para enardecer a su ser amado, o para asegurarse que el amor que encuentre será muy excitante.

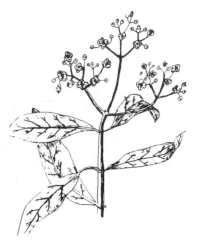

PIMIENTA DE JAMAICA
(Pimenta officinalis o P. dioica)

Género: Masculino.

Planeta: Marte.

Elemento: Fuego.

Poderes: Dinero, suerte, curaciones.

Usos mágicos: Se quema como un incienso para atraer dinero o suerte, y también se añade a las mezclas del mismo tipo. Se utiliza en todo tipo de curaciones.

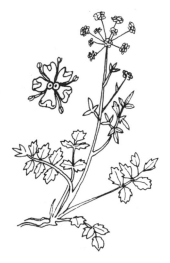

PIMPINELA *(Pimpinella spp.)*

Nombres populares: Hierba bendita, pimpinela mayor, hierba de María, luib na muc, pimpinela, barómetro del pobre, barómetro del pastor y murajes.

Género: Masculino.

Planeta: Mercurio.

Elemento: Aire.

Poderes: Protección y salud.

Usos mágicos: La pimpinela se lleva como protección y para evitar que la gente le engañe a uno. Cuando se tiene en la casa, ahuyenta las enfermedades y evita los accidentes.

Se le supone un poder tan grande que cuando se arroja a una corriente de agua, se desplazará contra la corriente.

Las hojas de los cuchillos mágicos se frotan con jugo de pimpinela para purificarlos y conferirles poder.

PINO *(Pinus spp.)*

Género: Masculino.

Planeta: Marte.

Elemento: Aire.

Deidades: Cibeles, Pan, Venus, Attis, Dionisos, Astarte y Silvano.

Poderes: Curación, fertilidad, protección, exorcismos y dinero.

Usos mágicos: Las piñas de los pinos se llevan consigo para aumentar la fertilidad y llegar a la vejez llenos de vigor. Una piña cogida a mitad del verano (conservando aún sus semillas) es un objeto mágico. Si su poseedor come un piñón de ella cada día, se volverá inmune a las armas de fuego.

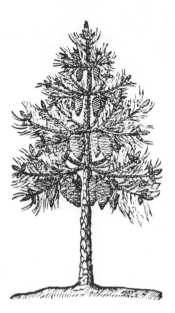

Para purificar y limpiar la casa se queman hojas de pino durante los meses de invierno. Si se esparcen por el suelo, alejan el mal, y si se queman, exorcizan el lugar de energía negativa y devuelven los hechizos. También se emplean para purificar los baños.

Colocar ramas de pino encima de la cama mantiene alejada la enfermedad. En Japón se acostumbra a colocar una rama de pino sobre la puerta de la casa para asegurarse una felicidad continuada, ya que sus hojas son perennes.

Hacer una cruz con hojas de pino y colocarla ante la chimenea evita que entre el mal a través de ella. También se utiliza en hechizos de dinero, y su aserrín sirve de base para los inciensos.

PINO DE NORFOLK
(Auricaria excelsa)
Género: Masculino.
Planeta: Marte.
Elemento: Fuego.
Poderes. Protección y contra el hambre.
Usos mágicos: El pino de Norkolk brinda protección contra el hambre y los malos espíritus cuando se cultiva en casa o en sus proximidades.

PIÑA *(Ananas comusus)*
Género: Masculino.
Planeta: Sol.
Elemento: Fuego.
Poderes: Suerte, dinero y castidad.
Usos mágicos: La piña seca se pone en bolsas y al igual que el jugo se añade a los baños para traer buena suerte. El jugo de piña se bebe para contener el deseo sexual, y su carne o su piel secas se añaden a los hechizos de dinero.

PIPSISSEWA
(Chimaphila umbellata)
Nombres populares: Falsa pirola, tierra santa y pino princesa.
Poderes: Dinero e invocación a los espíritus.
Usos mágicos: Machaque la pipsissewa, mezclada con escaramujos de rosa y flores de violeta, y quémelo para atraer a los buenos espíritus que le ayudarán en la magia. También se utiliza para atraer dinero.

PIRÚ *(Schinus molle)*

Nombres populares: Pimentero de California, árbol del Perú y Pirú.

Género: Masculino.

Planeta: Marte.

Elemento: Fuego.

Poderes: Purificación, curación y protección.

Usos mágicos: Las ramas de este árbol han sido usadas mucho tiempo por los curanderos mexicanos en rituales de curación. A los enfermos se les cepilla con estas ramas para que absorban la enfermedad; después, las ramas se entierran para destruir la enfermedad.

A veces se emplea ruda en combinación con la pimienta. Las brujas y espiritistas mexicanos añaden sus hojas a los baños de purificación y sus semillas de color rojo brillante se llevan como protección.

PISTACHO *(Pistachia vera)*

Género: Masculino.

Planeta: Mercurio.

Elemento: Aire.

Poderes: Rompe hechizos amorosos.

Usos mágicos: Los árabes creen que comer pistachos actúa como antídoto contra los hechizos de amor. También se dan pistachos a los zombis para sacarles del trance y concederles el reposo de la muerte. Los pistachos que se tintan artificialmente de rojo son, según dicen, los mejores para este propósito.

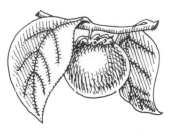

PLACAMINERO
(Diospyros virginiana)
Género: Femenino.
Planeta: Venus.
Elemento: Agua.
Poderes: Cambio de sexo, curación, y suerte.

Usos mágicos: Hasta hace poco tiempo, en Alabama existía la creencia que si una muchacha deseaba convertirse en muchacho tenía que comer nueve placamineros verdes. En dos semanas cambiaría de sexo.

Si le atormentan los resfriados, haga un nudo con un cordón (uno por cada resfriado que haya sufrido) y ate el cordel al árbol del placaminero. Esto acabará con ellos. Para la buena suerte, entierre placamineros verdes.

PLANTA DE CERA
(Hoya carnosa)
Nombres populares: Flores de pentagrama y planta del pentagrama.
Género: Masculino.
Planeta: Mercurio.
Elemento: Aire.
Poderes: Protección.

Usos mágicos: Se cultiva en los dormitorios y por toda la casa como protector. Sus flores en forma estrellada son desecadas y conservadas como amuletos; también se ponen sobre el altar para conferir más poder a los hechizos.

PLUMERIA *(Plumeria acutifolia)* VENENOSA
Nombres populares: Frangipangi, flores de cementerio, Melia (hawaiano) y árbol del templo.
Género: Femenino.
Planeta: Venus.
Elemento: Agua.
Deidad: Buda.
Poderes: Amor.
Usos mágicos: Las flores de plumeria se usan en hechizos de amor.

POLEO *(Mentha pulegium)*

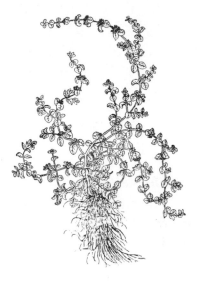

Nombres populares: Planta mosquitera, órganos, té de órganos y hierba de pudding.
Género: Masculino.
Planeta: Marte.
Elemento: Fuego.
Deidad: Deméter.
Poderes: Fuerza, protección y paz.
Usos mágicos: Poner poleo en los zapatos evita el cansancio durante los viajes y fortalece el cuerpo en general. Cuando se lleva encima, actúa contra el mal de ojo y ayuda a hacer buenos negocios.

Si se ofrece a parejas en alguna disputa, conseguirá que dejen de discutir, por eso el poleo es la hierba de la paz. También se lleva a bordo de los barcos para evitar el mareo.

POLIGALA *(Polygala senega)*

Poderes: Protección y dinero.
Usos mágicos: Una infusión de polígala en el baño y en el agua para aclarar la ropa, ofrece protección contra quienes traten de hacerle daño.

Algunos indios americanos llevaban su raíz para protegerse de las mordeduras de las serpientes de cascabel, y la infusión se frota por las manos y los pies para que le conduzcan a donde hay dinero.

POTENTILLA
(Potentilla canadensis o P. reptans)

Nombres populares: Flor de cinco dedos, hierba de cinco dedos, cinco dedos, potentilla de plata y flor de plata

Género: Masculino.

Planeta: Júpiter.

Elemento: Fuego.

Poderes: Dinero, protección, sueños proféticos y sueño.

Usos mágicos: Las cinco puntas de sus hojas representan amor, dinero, salud, poder y sabiduría, y si se lleva consigo concede lo anterior.

Se cuelga de las puertas o se coloca sobre la cama para obtener protección. La infusión de sus hojas se utiliza para eliminar los hechizos y las maldiciones lavando con ella la frente y las manos.

Si encuentra una rama de potentilla con siete hojas, póngala bajo su almohada. Soñará con su futuro amante o pareja. Si se cuelga de la cama una bolsa de potentilla, gozará de un sueño tranquilo y reparador toda la noche.

Si se lleva encima, concede elocuencia cuando se piden favores a supervisores y asegura que el favor será concedido. Por eso se utiliza en casos legales. También se añade a los saquitos de baños purificadores.

PRIMAVERA *(Primula veris)*

Nombres populares: Artrítica, artetyke, copa de hada, flor de llave, llave del cielo, llave de la dama, paralysio, contraseña.

Género: Femenino.

Planeta: Venus.

Elemento: Agua.

Deidad: Freya.

Poderes: Curación, juventud y hallazgo de tesoros.

Usos mágicos: Si no desea compañía, un poco de primavera colocada bajo el portal desanimará al visitante.

Conserva la juventud o la restaura. El olor de la primavera es curativo. Sostener un ramo de flores en la mano ayuda a encontrar tesoros ocultos.

PRIMAVERA
(Primula vulgaris)

Nombres populares: Rosa de mantequilla, prímula y contraseña.

Género: Femenino.

Planeta: Venus.

Elemento: Tierra.

Deidad: Freya.

Poderes: Protección y amor.

Usos mágicos: Las primaveras rojas o azules que crezcan en el jardín lo protegen de las adversidades y atraen a las hadas.

Aunque, para algunos, la primavera representa lascivia y desenfreno, las mujeres la llevan para atraer amor.

También se lleva para curar la locura y se cose a la almohada de los niños para obtener su respeto y lealtad.

PUERRO *(Allium spp.)*

Género: Masculino.
Planeta: Marte.
Elemento: Fuego.
Poderes: Amor, protección y exorcismo.
Usos mágicos: Cuando dos personas comen puerros, se enamorarán entre sí.

También se llevan como amuletos protectores, y se muerden para romper maldiciones y ahuyentar el mal.

RÁBANO *(Raphanus sativus)*

Nombres populares: Rapuns.
Género: Masculino.
Planeta: Marte.
Elemento: Fuego.
Poderes: Protección y deseo sexual.
Usos mágicos: Protege contra el mal de ojo. Cuando se come, aumenta el deseo sexual.

En Alemania se llevaba una variedad de rábano silvestre para descubrir el paradero de los brujos.

RÁBANO PICANTE
(Cochlearia armoracia)

Género: Masculino.
Planeta: Marte.
Elemento: Fuego.
Poderes. Purificación y exorcismo.
Usos mágicos: La raíz del rábano picante (seca y rayada o molida) debe esparcirse por toda la casa, por los rincones, en los peldaños de la entrada y en los pasillos. Esto hará que desaparezcan todos los poderes malignos y disipará cualquier hechizo que se haya lanzado contra usted.

RABO DE GATO *(Typha spp.)*

Género: Masculino.
Planeta: Marte.
Elemento: Fuego.
Poderes: Deseo sexual.
Usos mágicos: Si una mujer desea disfrutar dfel sexo, debe llevar consigo un rabo de gato en todo momento.

RAÍCES

Poderes: Protección y poder de adivinación.

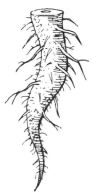

Usos mágicos: Si debe dormir al aire libre y sin protección, lleve cualquier raíz alrededor del cuello y estará a salvo de todo animal salvaje.

Según una antigua superstición, las raíces arrancadas de un campo santo (o cualquier lugar sagrado) previene la muerte durante tanto tiempo como el recolector las lleve consigo.

En la tradición mágica sureña, una persona que pretenda estudiar magia debería ir al campo de noche. Allí deberá arrancar una planta, con raíz y todo. La cantidad de tierra que salga adherida a las raíces indica la cantidad de poder y habilidad que el estudiante alcanzará en las artes de magia. Esto mismo lo hace un maestro para hacerse idea del éxito que tendrán sus adeptos.

Raíces de Adán y Eva
(Orchis spp.)

Género: Femenino.
Planeta: Venus.
Elemento: Agua.
Poderes: Amor, felicidad.
Usos mágicos: Lleve las dos raíces en una bolsita, en todo momento, para atraer un amante. Si desea verse libre de otros competidores, lleve también las dos raíces cosidas dentro de una bolsita. Si se entregan a una pareja, aseguran felicidad eterna.

Raíz de ague (Sasafrás) *(Aletris farinosa)*

Nombres populares: Hierba de ague, hierba amarga, raíz negra, grano de cuervo, raíz de unicornio, hierba de estrella.
Poder: Protección.
Usos mágicos: Rociar por toda la casa para mantener alejado el mal, o llevarla en un saquito con el mismo propósito. Se utiliza también, para romper embrujos y para deshacer rituales y mezclas.

Raíz de sangre
(Sanguinaria canadensis)
VENENOSA

Nombres populares: Raíz de rey, raíz roja.
Género: Masculino.
Planeta: Marte.
Elemento: Fuego.
Poderes: Amor, protección, purificación.
Usos mágicos: Esta raíz se lleva encima para atraer el amor. También se lleva

para ahuyentar los malos encantamientos y las fuerzas negativas. Colóquese cerca de los portales y de los alféizares para que el hogar esté protegido. Las raíces de un rojo más oscuro se consideran las mejores, y se conocen como "raíces de rey" o "raíces de él".

REGALIZ *(Glycyrrhiza glabra)*

Nombres populares: Lacris (galés), licourice, lycorys, reglisse (galés) y raíz dulce.
Género: Femenino.
Planeta: Venus.
Elemento: Agua.
Poderes: Deseo sexual, amor y fidelidad.
Usos mágicos: Masticar un palo de regaliz le volverá apasionado. También es bueno hacerlo mientras se está dejando de fumar. El regaliz se añade a los saquitos de amor y deseo sexual, se lleva para atraer el amor, y se emplea en hechizos para asegurar la fidelidad. De las ramas de regaliz se hacen varas útiles.

REINA DE LOS PRADOS
(Spiraea filipendula)

Nombres populares: Novia de la pradera, dama de la pradera, pequeña reina, hierba de los prados y hierba trompeta.
Género: Masculino.
Planeta: Júpiter.
Elemento: Aire.
Poderes: Amor, adivinación, paz y felicidad.
Usos mágicos: Esta planta se coloca fresca sobre el altar para los hechizos de amor, o bien se usa en diversas mezclas de amor. Esparcida alrededor de la casa conserva la paz. La fragancia de la reina de los prados alegra el corazón.

Si se recoge a mitad del verano, la reina de los prados le dará información relativa a los ladrones: si le han robado, ponga la hierba de los prados en agua. Si se hunde, el ladrón es un hombre. Si flotan es una mujer.

REMOLACHA *(Beta vulgaris)*
Género: Femenino.
Planeta: Saturno.
Elemento: Tierra.
Poder: Amor.
Usos mágicos: Si un hombre y una mujer comen de la misma remolacha, se enamorarán.

El zumo de la remolacha se emplea como tinta en la magia de amor, y también es un sustituto de la sangre.

REPOLLO *(Brassica oleracea)*
Género: Femenino.
Planeta: Luna.
Elemento: Agua.
Poderes: Suerte.
Usos mágicos: Para tener buena suerte en el matrimonio, se deberá plantar un repollo en el jardín después de que la pareja contrae nupcias.

RICINO *(Ricinus communis)*
VENENOSO
Nombres populares: Palma Christi y raíz de palma christi.
Poder: Protección.
Usos mágicos: Los granos de ricino son una buena protección contra el mal de ojo y contra toda fuerza negativa porque absorben el mal.

ROBLE *(Quercus alba)*

Nombres populares: Duir, nueces de Júpiter y juglans (latín)

Género: Masculino.

Planeta: Sol.

Elemento: Fuego.

Deidades: Dagda, Diano, Júpiter, Thor, Zeus, Herne, Jano, Thea, Cibeles, Hécate, Pan y Erato.

Poderes: Protección, salud, dinero, curaciones, potencia, fertilidad y suerte.

Usos rituales: El roble fue fuente de alimento para los primeros pobladores de Gran Bretaña y Europa, fue venerado en la prehistoria. Los druidas, tradicionalmente, se reunían en sus rituales en presencia de un roble, y hay quienes afirman que las palabras "roble" y "druida" están relacionadas. Los ídolos religiosos se tallaban en madera de roble, y las brujas muchas veces danzaban bajo este árbol.

Usos mágicos: Un árbol de tan larga vida y fortaleza como el roble ofrece de manera natural protección mágica. Dos ramas de roble, unidas con hilo en forma de cruz de brazos iguales, sirve como poderoso guardián contra el mal. Debe colgarse en la casa.

Las bellotas puestas en las ventanas protegen de la entrada del rayo, y llevar un trozo de madera de roble guarda a su portador de todo daño.

Si es capaz de coger una hoja de roble mientras cae, no padecerá resfriados en todo el invierno. Cuando haya en casa una persona enferma, haga un fuego con leña de roble y caliente la casa con él para "expulsar" la enfermedad. (Hágalo sólo si tiene chimenea, desde luego). Lleve consigo una bellota para defenderse de las enfermedades y dolores, para alcanzar inmortalidad o longevidad y para preservar la juventud.

Plantar una bellota a la luz de la luna le asegura que recibirá dinero en un futuro próximo. Llevar consigo una bellota aumenta la fertilidad y fortalece la potencia sexual. Llevar un trozo de roble atrae la buena suerte.

ROMERO
(Rosemarinus officinalis)

Nombres populares: Hierba brújula, rocío del mar, hoja de duende, libanotis (griego) y planta polar.

Género: Masculino.

Planeta: Sol.

Elemento: Fuego.

Poderes: Protección, amor, deseo sexual, poderes mentales, exorcismo, purificación, curación, sueño y juventud.

Usos mágicos: El romero al quemarse emite unas poderosas vibraciones limpiadoras y purificadoras, y es usado para limpiar un lugar de fuerzas negativas, sobre todo antes de realizar magia.

Es uno de los inciensos más antiguos. Cuando se pone bajo la almohada, el romero asegura buenos sueños libres de pesadillas. Si se pone debajo de la cama, protege a quien duerme de cualquier daño. También se cuelga en el porche y a la entrada para impedir que se acerquen ladrones. Esta planta se lleva consigo para conservar la salud. En el baño purifica.

Llevar una guirnalda de romero ayuda a la memoria, mientras que oler con frecuencia su madera conserva la juventud. Para asegurarse de esto último, ponga una infusión de romero en el agua del baño.

El romero se ha empleado durante mucho tiempo en inciensos de amor y deseo sexual y en otras mezclas; las muñecas curativas se rellenan con romero para aprovechar sus vibraciones curativas. Una infusión de romero se utiliza para lavarse las manos antes del trabajo curativo, y las hojas, mezcladas con bayas de enebro, se quemaban en la habitación de un enfermo para estimular la curación.

Si desea recibir conocimiento o dar respuesta a alguna pregunta, queme romero sobre brasas de carbón y huela el humo. El romero se cultiva para atraer a los gnomos. Las hojas pulverizadas, envueltas en un paño de tela suave y atado al brazo derecho, dispersa la depresión y hace que las emociones sean más ligeras y felices. El romero se emplea como sustituto del incienso.

ROSA *(Rosa spp.)*

Género: Femenino.
Planeta: Venus.
Elemento: Agua.
Deidades: Hathor, Hulda, Eros, Cupido, Deméter, Isis, Adonis, Harpocrates y Aurora.
Poderes: Amor, poderes psíquicos, curación, adivinación amorosa, suerte y protección.

Usos mágicos: Las rosas se han empleado durante mucho tiempo en mezclas de amor debido a su asociación con las emociones. Llevar un ramo de rosas cuando se efectúan hechizos de amor (se deben quitar las espinas), o bien una sola rosa en un jarrón colocado sobre el altar, son potentes en la magia amorosa. El agua de rosas destilada de los pétalos se pone en el baño de amor. Los escaramujos (el fruto de la rosa) se ensartan y se llevan encima como cuentas que atraen el amor.

Beber un té hecho de capullos de rosa antes de acostarse induce sueños proféticos. Para descubrir su futuro romántico, las mujeres solían coger tres hojas verdes de rosas y decir todos los nombres de sus amantes. La que se conservaba verde durante más tiempo respondía a la pregunta "¿Cuál será?".

Los pétalos y escaramujos de rosa se emplean también en mezclas y hechizos curativos, y si coloca sobre las sienes un paño empapado en agua de rosas, acabará con los dolores de cabeza.

Las rosas también se ponen en las mezclas para la suerte y, cuando se llevan, actúan como protectores personales.

Esparcir pétalos de rosa por toda la casa calma la tensión personal y los cataclismos del hogar.

Las rosas plantadas en el hogar atraen las hadas y, según dicen, crecen mejor cuando son robadas.

RUDA *(Ruta graveolens)*

Nombres populares: Ruda de jardín, ruda alemena, hierba de la Gracia, madre de las hierbas y ruta.

Género: Masculino.

Planeta: Marte.

Elemento: Fuego.

Deidades: Diana y Aradia.

Poderes: Curación, salud, poderes mentales, exorcismos y amor.

Usos mágicos: Colocar hojas de ruda sobre la frente elimina los dolores de cabeza. Llevar ruda alrededor del cuello ayuda a la recuperación de enfermedades y además ahuyenta futuros problemas de salud. La ruda se pone en inciensos y muñecas con fines curativos. Oler ruda fresca despeja la mente en los asuntos amorosos y mejora los procesos mentales.

Añadida al baño, rompe todos los hechizos y maldiciones que pueden haber sido lanzados contra usted; también se añade a los inciensos y mezclas para exorcismo. Es protectora cuando se cuelga de la puerta o se pone en saquitos, y si se frotan las flores frescas contra el suelo, devuelve cualquier hechizo negativo que le haya sido enviado. Los romanos comían ruda para protegerse del mal de ojo. Se emplea una rama de ruda fresca para salpicar agua de sal por toda la casa; así se limpia de energía negativa.

Mezclar jugo de ruda fresca con el rocío de la mañana y esparcirlo en círculo alrededor de usted, mientras realiza un trabajo de magia, sirve de protección, bien por deseo o necesidad.

Es otra planta de la que se dice que crece mejor cuando es robada, y su presencia en el jardín lo embellece y lo protege. Sin embargo, no se sabe por qué razón los sapos sienten una gran aversión hacia la ruda.

RUDA CABRUNA
(Galega officinalis)
Género: Masculino.
Planeta: Mercurio.
Elemento: Aire.
Poderes: Curación y salud.
Usos mágicos: La ruda cabruna se utiliza en rituales curativos. Poner hojas de esta planta dentro del zapato cura y previene el reumatismo.

RUIBARDO *(Rheum spp.)*
Género: Femenino.
Planeta: Venus.
Elemento: Tierra.
Poderes: Protección y fidelidad.
Usos mágicos: Lleve un trozo de raíz de ruibardo alrededor del cuello cogido con un cordel para protegerse de los dolores de estómago. Servir pastel de ruibardo al cónyuge o pareja le ayudará a que permanezca fiel.

SALICARIA
(Lythrum salicaria)

Nombres populares. Lythrum. hierba de sauce púrpura, hierba de arcoiris, hierba de sabio y salicaire.

Género: Femenino.

Planeta: Luna.

Elemento: Tierra.

Poderes: Paz y protección.

Usos mágicos: Para terminar el disgusto que haya tenido con algún amigo/a, dele un poco de esta hierba. Esparcida alrededor de la casa, la salicaria dispersa vibraciones de paz y mantiene bajo control a las fuerzas negativas.

SALVIA *(Salvia officinalis)*

Nombres populares: Salvia de jardín y salvia roja.

Género: Masculino.

Planeta: Júpiter.

Elemento: Aire.

Poderes: Inmortalidad, longevidad sabiduría, protección y deseos.

Usos mágicos: La salvia se ha empleado para alcanzar larga vida, a veces incluso la inmortalidad. Esto se consigue comiendo un poco cada día, o por lo menos en el mes de mayo.

La salvia se lleva para fomentar la sabiduría, y sus hojas se emplean en innumerables hechizos curativos y de dinero. Para protegerse de contraer el mal de ojo, lleve un pequeño cuerno lleno de salvia.

Hay que hacer unas advertencias relacionadas con este cultivo: primera, sembrar salvia en su propio jardín trae mala suerte; hay que buscar a un extraño que haga este trabajo. Segunda, un matero lleno de salvia trae mala suerte, por tanto, asegúrese que el matero esté compartido por alguna otra planta. A propósito, a los sapos les gusta la salvia.

Si desea que algún deseo se haga realidad, escríbalo sobre una hoja de salvia y escóndala bajo su almohada. Duerma sobre ella durante tres noches. Si sueña una vez con lo que desea, su deseo se materializará; si no es así, entierre la salvia para que no le pueda causar daño.

SÁNDALO *(Santalum album)*

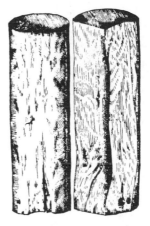

Nombres populares: Sándalo, santal, sándalo blanco y sándalo amarillo.
Género: Femenino.
Planeta: Luna.
Elemento: Agua.
Poderes: Protección, deseos, curación, exorcismo y espiritualidad.
Usos mágicos: El polvo de sándalo se quema durante los hechizos de protección, curación y exorcismo. Mezclado con espliego se obtiene un incienso especial para conjurar espíritus.

Su fragante madera posee vibraciones altamente espirituales, y se quema en sesiones de espiritismo y en rituales de Luna llena cuando se mezcla con incienso.

Escriba su deseo sobre un pedazo de sándalo y quémelo en un incensario o caldero. Mientras arde hace fluir la magia y visualice su deseo al mismo tiempo.

Las cuentas de sándalo son protectoras y fomentan el conocimiento espiritual cuando se llevan consigo.

Puede esparcirse sándalo en polvo por cualquier lugar para limpiarlo de energía negativa, y también se utiliza como base de incienso.

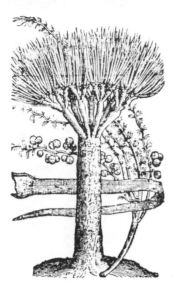

SANGRE DE DRAGÓN
(Daemonorops draco o Dracaena spp.)

Nombres populares: Sangre, blume, calamus draco, draconis resina, sanguis draconis y palmera de sangre de dragón.
Género: Masculino.
Planeta: Marte.
Elemento: Fuego.
Poderes: Amor, protección, exorcismo y potencia.
Usos mágicos: Esta resina de palmera se quema para incitar a los amores errantes a que vuelvan. Normalmente esto lo realiza una mujer sentada cerca de la ventana abierta, mirando al exterior, de noche. Una vara de sangre de dragón colocada bajo la almohada o bajo el colchón curará la impotencia.

La resina seca es un poderoso protector cuando se lleva consigo, se esparce alrededor de la casa o se machaca como incienso. Cuando se quema, también sirve para alejar el mal y las fuerzas negativas. Un pellizco de sangre de dragón añadido a otros inciensos aumentará su potencia y su poder.

Para encontrar la calma en una casa ruidosa, pulverice un poco de sangre de dragón, mézclelo con azúcar y sal, y métalo dentro de una botella. Tápela con fuerza y guárdela en algún lugar de la casa donde no pueda encontrarse. Usted tendrá paz y tranquilidad.

SANÍCULA
(Sanicula marilandica)

Género: Masculino.
Planeta: Marte.
Elemento; Fuego.
Poderes: Amor, deseo sexual y dinero.
Usos mágicos: La sanícula se lleva para atraer amantes, y también se coloca en la habitación y en el baño. También atrae dinero.

SARGAZO VEJIGOSO

(Fucus visiculosus y otras plantas varias)

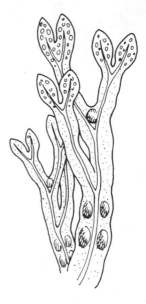

Nombres populares: Fuco, quelpo, espíritu marino, fuco marino, seetang.

Género: Femenino.

Planeta: Luna.

Elemento: Agua.

Poderes: Protección, hechizos marinos, hechizos de viento, dinero y poderes psíquicos.

Usos mágicos: Las algas marinas dan protección a quienes se encuentran en el mar o a quienes vuelan sobre él. Por consiguiente, las personas que realicen viajes intercontinentales deberán llevar consigo esta planta. También se utiliza en encantamientos para invocar a los espíritus del mar, arrojándolas sobre las olas e invocándolos. Con ello obtendrá sus favores y beneficiarán su magia.

El quelpo se emplea para invocar a los vientos. Sitúese en la orilla del mar y coja en la mano una tallo largo de alga, hágalo girar sobre su cabeza en el sentido de las agujas del reloj hasta que se produzca un silbido. Los vientos acudirán.

Haga una infusión con esta planta y limpie los suelos y las puertas de su lugar de negocio para atraer clientes y producir buenas vibraciones en el lugar de almacenaje. Un encantamiento especialmente potente consiste en llenar un pequeño recipiente de whisky, colocando en su interior un poco de quelpo. Se tapa bien y se pone en la ventana de la cocina. Esta operación asegura un flujo regular de dinero en el hogar.

El sargazo vejigoso se emplea en saquitos para aumentar los poderes psíquicos y se lleva encima para protegerse contra los trastornos mentales.

SASAFRÁS *(Sassafras albidum)*

Género: Masculino.

Planeta: Júpiter.

Elemento: Fuego.

Poderes: Salud y dinero.

Usos mágicos: El sasafrás se coloca en el bolso o cartera para atraer dinero, o bien se quema con este mismo propósito. También se pone en los saquitos y en los hechizos con fines curativos.

SATIRIÓN MANCHADO
(Orchis morior o O. spp.)

Género: Femenino.

Planeta: Venus.

Elemento: Agua.

Poderes: Fertilidad y amor.

Usos mágicos: Los tubérculos frescos del satirión manchado se utilizan en hechizos de amor y se llevan encima para estimular la concepción. Si se emplea un tubérculo grande para este último propósito, el bebé será niño; si es pequeño, será niña.

SAUCE *(Salix alba)*

Nombres populares: Mimbre, sailla, árbol del encantamiento, sauce blanco y aspirina de las brujas.

Género: Femenino.

Planeta: Luna.

Elemento: Agua.

Deidades: Artemis, Ceres, Hécate, Perséfona, Hera, Mercurio, Belili y Belinus.

Poderes: Amor, adivinación amorosa, protección y curación.

Usos rituales: Las tumbas que están ubicadas cerca de los pantanos y lagos en la Gran Bretaña con frecuencia se alineaban con sauces, probablemente por sus asociaciones simbólicas con la muerte.

Usos mágicos: Las hojas de sauce se usan en mezclas para atraer amor, y la madera se emplea para fabricar varas mágicas dedicadas a la magia lunar. Si desea saber si se casará en el año nuevo, arroje uno de sus zapatos o botas a un sauce la víspera de año nuevo. Si no queda atrapada entre las ramas la primera vez, aún le quedan ocho intentos más. Si consigue que su zapato quede atrapado en el árbol, se casará dentro de doce meses, pero también habrá de sacudirlo o trepar por él para recuperar su zapato.

Todas las partes de un sauce protegen del mal y puede llevarse o colocarse en casa con este propósito. Golpee un sauce (en la madera) para desviar un mal. Las hojas, la corteza y la madera se utilizan para hechizos curativos.

Para conjurar a los espíritus, mezcle corteza de sauce triturada con sándalo, y quémelo en el exterior cuando la Luna esté en cuarto menguante.

Las escobas mágicas de las escobas de las brujas se atan tradicionalmente con una rama de sauce.

SAÚCO *(Sambucus canadensis)*

Nombres populares: Ellhorn, hylder, vieja dama, árbol de pipa, saúco dulce, árbol de la suerte, yakori bengeskro, (lengua gitana: Ojo del Diablo).

Género: Femenino.

Planeta: Venus.

Elemento: Agua.

Deidades: Holda y Venus.

Poderes: Exorcismo, protección, curación, prosperidad y sueño.

Usos rituales: Se empleaba en los ritos funerarios en la antigua Gran Bretaña. Se consagra a muchas figuras de la Diosa Madre, debido a sus flores blancas. Se creía que dentro de saúco habitaban brujas y espíritus; por eso "sangraba" savia roja cuando se cortaba. Antes de talar un saúco se recitaba la siguiente fórmula:

"Lady Ellhorn, dame tu madera y yo te daré la mía cuando me convierta en árbol".

Esto se recita arrodillado ante el árbol, antes de efectuar el primer corte. Así se da tiempo a que salga la bruja o espíritu que hay dentro del éste.

Usos magicos: Sirve para ahuyentar a agresores. Colgado de la puerta de entrada y de las ventanas guarda la casa del mal. También posee el poder de obligar a un mago maligno a deshacer cualquier encantamiento o hechizo que pueda haber lanzado contra usted. Las bayas protegen del mal y de las fuerzas negativas. Si se cultiva en el jardín, protege la casa de los estragos causados por la brujería y del rayo.

Para bendecir a una persona, un lugar o una cosa, esparza las hojas y las bayas del saúco a los cuatro vientos en nombre de la persona u objeto que va a ser bendecido. Después, esparza algunas más sobre la persona o el objeto mismo.

Para bajar la fiebre, clave una rama en la tierra y guarde mientras tanto silencio absoluto. Los dolores de muela pueden aliviarse masticando una ramita de saúco, y, después, introduciéndola en la pared al mismo tiempo que dice: ¡Márchate, espíritu malvado! Antiguamente se creía que los dolores de muelas estaban producidos por espíritus malignos.

Para prevenir el reumatismo, haga tres o cuatro nudos con una ramita de saúco y luego entiérrela en el barro hasta que se pudra.

Si se cultiva cerca de la casa, proporciona prosperidad. Clavar ramas alrededor de la casa la protege de los ladrones y de las serpientes.

Se utiliza en las bodas para dar buena suerte a la pareja, y las mujeres embarazadas besan el árbol para que dé buena fortuna a su futuro hijo.

Ponga bayas de saúco debajo de la almohada para disfrutar de un tranquilo y apacible sueño.

Lleve consigo esta planta para evitar cometer adulterio.

Fabrique una flauta con sus ramas e invoque a los espíritus con su música. Hágalo a media noche y en un lugar solitario.

Muchos piensan que resulta peligroso quemar la madera de saúco, y algunos gitanos tienen estrictamente prohibido emplearlo para hacer fuego. Los magos vienen utilizando su madera desde hace siglos para fabricar varas mágicas.

SELLO DE SALOMÓN

(Polygonatum officinale o
P. multiflorum)

Nombres populares: Sello de dama, sello de santa María y sello de Salomón.

Género: Femenino.

Planeta: Saturno.

Elemento: Agua.

Poderes: Protección y exorcismo.

Usos mágicos: Coloque la raíz en las cuatro esquinas de la casa para protegerla; se utiliza en hechizos de exorcismo y protección. Salpicar una infusión de la raíz por todas partes limpia el lugar del mal. También se emplea en inciensos de ofrendas.

SELLO DORADO

(Hydrastis canadensis)

Nombres populares: Bálsamo ocular, raíz del ojo, tinte indio, pintura india, raíz de naranja, raíz tumérica, warnera, cúrcuma silvestre y raíz amarilla.

Género: Masculino.

Planeta: Sol.

Elemento: Fuego.

Poderes: Curación y dinero.

Usos mágicos: Se emplea en hechizos de dinero y en rituales curativos.

SEMILLA DEL AMOR
(Lomatium foeniculaceum)
Género: Femenino.
Planeta: Venus.
Elemento: Agua.
Poderes: Amor y amistad.
Usos mágicos: Los indios pawnee utilizaban esta hierba en magia. Sus semillas se llevan para atraer el amor y nuevas amistades.

SENA *(Cassia marilandica o C. acutifolia)*
Género: Masculino.
Planeta: Mercurio.
Elemento: Aire.
Poderes: Amor.
Usos mágicos: Utilice la sena en hechizos de amor.

SERBAL *(Sorbus ocuparia)*
Nombres populares: Delicia del ojo, fresno montañés y fresno silvestre.
Género: Masculino.
Planeta: Sol.
Elemento: Fuego.
Deidad: Thor.
Poderes: Poderes psíquicos, curación, poder, éxito y protección.
Usos mágicos: La madera de serbal aumenta los poderes psíquicos; sus ramas se usan frecuentemente para fabricar varitas de radiestesia y varitas

mágicas. Añada las hojas y bayas a los inciensos de adivinación y también a los diseñados para aumentar los poderes psíquicos.

Se lleva bayas o corteza para ayudar en la recuperación y se ponen en los saquitos y mezclas curativas y de salud, lo mismo que en los saquitos de éxito y suerte.

Durante siglos en Europa se ha utilizado el serbal con fines protectores. Dos ramitas atadas con hilo rojo y formando una cruz constituyen un antiguo amuleto protector.

Los bastones hechos de serbal son excelentes para la persona que recorre bosques y campos por la noche. Llevarla a bordo de un barco evita que se vea sorprendido por tormentas; si se guarda en casa, protege del rayo, y cuando se planta sobre una tumba, impide que el difunto frecuente el lugar.

Un serbal plantado cerca de la casa protege a esta y a sus habitantes; los serbales que crecen cerca de círculos de piedra son más poderosos.

SÉSAMO *(Sesamum orientale)*

Género: Masculino.
Planeta: Sol.
Elemento: Fuego.
Deidad: Ganesha.
Poderes: Dinero y deseo sexual.
Usos mágicos: Comer semillas de sésamo induce al deseo sexual.

Si deja abierto en la casa un recipiente con estas semillas atraerá el dinero. Cambie las semillas todos los meses.

La famosa orden mágica "¡Ábrete sésamo!" se refiere a los legendarios poderes de esta planta para descubrir tesoros ocultos, revelar pasadizos secretos y abrir puertas cerradas.

SIEMPREVIVA MAYOR
(Sempervivum tectorum)

Nombres populares: Gallina y polluelos, "Bienvenido a casa marido, si no viene bebido" y "Bienvenido a casa marido, si aún no ha anochecido".

Género: Masculino.

Planeta: Júpiter.

Elemento: Aire.

Poderes: Suerte, protección y amor.

Usos mágicos: Si crece en el tejado, da buena suerte y protege el edificio de los rayos. También se usa como hierba inductora del amor, si se lleva encima fresca y se renueva continuamente.

STILLINGIA
(Stillingia sylvatica)

Nombres populares: Delicia de reina, raíz de reina, hoja de plata y stillingia.

Poderes: Poderes psíquicos.

Usos mágicos: Queme su raíz para desarrollar poderes psíquicos. Si ha perdido algo, queme stillingia y siga la dirección del humo hasta el lugar donde se esconde.

SUMBUL *(Ferula sumbul)*

Nombres populares: Raíz de almizcle euryangium, jatamansi y ouchi.

Poderes: Amor, poderes psíquicos, salud y suerte.

Usos mágicos: Para atraer amor, llévese consigo, quémese como incienso o échese su infusión en el baño. Cualquiera de los tres procedimientos puede seguirse para asegurar los resultados.

El sumbul se quema para aumentar los poderes psíquicos y, si se lleva alrededor del cuello, proporciona buena suerte y mantiene alejadas las enfermedades.

TABACO *(Nicotiana spp.)*

VENENOSO

Nombre popular: Tabacca.

Género: Masculino.

Planeta: Marte.

Elemento: Fuego.

Poderes: Curación y purificación.

Usos rituales: Los candidatos a algún sistema chamánico deben beber jugo de tabaco para inducir visiones como parte de su entrenamiento. Los indios americanos lo han empleado durante mucho tiempo en las ceremonias religiosas. Todavía muchos pueblos consideran esta planta sagrada.

Usos mágicos: Los indios sudamericanos fuman tabaco para poder conversar con los espíritus. También se arroja tabaco al río cuando se inicia un viaje en barco para que los dioses sean propicios. Quemar tabaco como incienso purifica el lugar de toda la energía negativa y espíritus (tanto buenos como malos), y para curar el dolor de oído se sopla el humo del tabaco en la oreja.

Para evitar las pesadillas, al despertar lávese en el agua corriente de una arroyo o arroje tabaco al agua como ofrenda al Espíritu del Agua, quien le habrá limpiado del mal.

El tabaco es un sustituto mágico del sulfuro, al igual que de la datura y la dulcamara, ambas relacionadas con el tabaco. A pesar que esta planta se fuma por millones de personas, es muy venenosa y puede matar.

TALICTRUM *(Thalictrum spp.)*

Nombres populares: Planta faluta.

Poderes: Amor y adivinación.

Usos mágicos: La llevaban colgada alrededor del cuello los indios americanos como amuleto que les protegía de todo cuanto les rodeaba; también se llevaba para atraer amor.

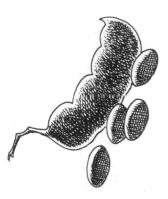

TAMARINDO
(Tamarindus indica)
Nombres populares: Tamarindo
Género: Femenino.
Planeta: Saturno.
Elemento: Agua.
Poderes: Amor.
Usos mágicos: Uselo para atraer el amor.

TAMARISCO *(Tamarix spp.)*

Género: Femenino.
Planeta: Saturno.
Elemento: Agua.
Deidad: Anu.
Poderes: Exorcismo y protección.
Usos mágicos: Durante los ritos exorcistas se sostiene en la mano una rama del árbol y sus hojas se esparcen para ahuyentar el mal. Para mejores resultados, el tamarisco debe cortarse con un hacha de oro y una podadera de plata. El humo producido al quemarlo aleja a las serpientes. Las ramas eran utilizadas por los caldeos en la adivinación.

TANACETO

(Tanacetum vulgare)
Nombre popular: Botones.
Género: Femenino.
Planeta: Venus.
Elemento: Agua.
Poderes: Salud y longevidad.
Usos mágicos: Un poco de tanaceto en los zapatos ayuda a curar las fiebres persistentes. Se lleva consigo para alargar la vida.

TÉ *(Camellia spp.)*

Nombres populares: Té negro y té chino.
Género: Masculino.
Planeta: Sol.
Elemento: Fuego.
Poderes: Riquezas, valor y fortaleza.
Usos mágicos: Queme las hojas del té para asegurarse riquezas futuras, y échelo en todas las mezclas y saquitos y cuya finalidad sea la obtención de dinero.

El té también se incluye en los talismanes creados para dar valor y fortaleza a su portador. La infusión de esta planta se usa como base para mezclar bebidas de deseo sexual.

TEJO *(Taxus baccata)* VENENOSO

Género: Femenino.
Planeta: Saturno.
Elemento: Agua.
Poderes: Levanta a los muertos.
Usos mágicos: Esta planta venenosa se emplea a veces en hechizos para levantar los espíritus de los muertos. A pesar de poseer una larga historia mística, es de poco uso en magia debido a su alta toxicidad.

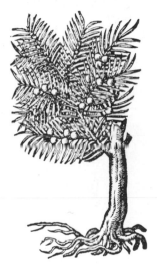

TERCIANARIA
(Scutellaria galericulata)

Nombres populares: Tercianaria mayor, flor de casco y hierba loca.

Género: Femenino

Planeta: Saturno.

Elemento: Agua.

Poderes: Amor, fidelidad y paz.

Usos mágicos: Sse utiliza en hechizos de relajación y de paz. La mujer que la lleve encima protege a su marido contra los encantos de otras mujeres.

TI *(Cordyline terminalis)*

Nombres populares: Planta de la buena suerte.

Género: Masculino.

Planeta: Júpiter.

Elemento: Fuego.

Deidades: Kane, Lono y Pele.

Poderes: Protección y curación.

Usos mágicos: Las hojas de Ti, cuando se llevan a bordo de una embarcación, alejan las tormentas, y cuando se llevan encima aseguran a su portador que no morirá ahogado.

Plantado alrededor de la casa crea una especie de barrera protectora. Para ello debe emplearse el ti verde, no la variedad roja; aunque esta última se consagra a Pele, tradicionalmente da mala suerte a los propietarios de la casa si se planta.

Poner un poco de ti bajo la cama protege a quien duerme en ella, y frotar una hoja de ti sobre la cabeza elimina los dolores de cabeza.

TILO *(Tilia europea)*

Nombres populares: Lima, árbol de lima.
Género: Masculino.
Planeta: Júpiter.
Elemento: Aire.
Deidades: Venus y Lada.
Poderes: Protección, inmortalidad, suerte, amor y sueño.
Usos rituales: Antiguamente las mujeres de Lituania hacían sacrificios a los tilos como parte de ritos religiosos.
Usos mágicos: Su uso está muy extendido en Europa como árbol protector. Las ramas se cuelgan en la puerta con este propósito, o bien se planta en el jardín.

Llevar la corteza del tilo previene la embriaguez y sus hojas y flores se emplean en hechizos de amor. Dado que es un árbol de la inmortalidad, sus hojas se usan en hechizos de esta naturaleza.

El tilo y el espliego mezclados a partes iguales sirven para fabricar excelentes almohadas que aceleran el sueño en quienes padecen insomnio. En su madera se graban encantamientos para la buena suerte.

TOMATE *(Lycopersicon spp.)*

Nombre popular: Manzanas del amor.
Género: Femenino.
Planeta: Venus.
Elemento: Agua.
Poderes: Prosperidad, protección, amor.
Usos mágicos: Ponga un tomate rojo sobre la chimenea para traer prosperidad al hogar. Cámbielo cada tres días.

Un tomate sobre el marco de la ventana, o en cualquier otra entrada de la casa, impide que entre el mal. También protege el jardín ya que sus flores amarillas y su fruto rojo ahuyentan el mal. Comer tomates inspira amor.

TOMILLO *(Thymus vulgaris)*

Nombres populares: Tomillo común y tomillo de jardín.

Género: Femenino.

Planeta: Venus.

Elemento: Agua.

Poderes: Salud, curación, sueño, poderes psíquicos, amor, purificación y valor.

Usos mágicos: El tomillo se quema para atraer la buena salud y también se lleva con este propósito. Se emplea en hechizos de curación. Colocado bajo la almohada asegura un sueño reparador y sin pesadillas. Si se lleva puesto, ayuda a desarrollar los poderes psíquicos. Las mujeres que llevan una ramita de tomillo en el pelo se vuelven irresistibles.

El tomillo es también una hierba purificadora; los griegos la quemaban en sus templos para purificarlos y, por eso, se quema frecuentemente antes de los rituales mágicos para limpiar el lugar. En primavera se toma un baño mágico y purificador de mejorana y tomillo para asegurar que todos los sufrimientos y enfermedades pasadas sean alejadas de la persona. También se lleva y se huele tomillo para proporcionar valor y energía.

TOMILLO SALSERO
(Satureja hortensis)

Género: Masculino.

Planeta: Mercurio.

Elemento: Aire.

Poderes: Poderes mentales.

Usos mágicos: El tomillo salsero fortalece la mente cuando se lleva consigo.

TONCA *(Coumarouna odorata o Dipteryx odorata)* VENENOSA

Nombres populares: Nuez coumaria, tonqua y judía tonquin.
Género: Femenino.
Planeta: Venus.
Elemento: Agua.
Poderes: Amor, dinero, valor y deseos.
Usos mágicos: Estas fragantes judías se emplean en los saquitos y mezclas de amor y, además, se portan para atraerlo. También se llevan puestas o consigo para atraer dinero y suerte, dar valor y alejar enfermedades.

Para lograr sus deseos, sostenga en la mano una judía tonca, visualice su deseo y, luego, arrójela a una corriente de agua.

TORMENTILA
(Potentilla tormentilla)

Nombres populares: Galletas, raíz de sangre, cinco dedos, carne y sangre, septfoil y nudo de pastor.
Género: Masculino.
Planeta: Sol.
Elemento: Fuego.
Deidad: Thor.
Poderes: Protección y amor.
Usos mágicos: La infusión obtenida de esta planta se bebe para conseguir protección, y se sirve a una persona amada para conservar su amor. Los mediums beben la infusión para evitar que los espíritus les posean de manera permanente. Esta planta se cuelga en la casa para ahuyentar el mal y se porta para atraer el amor.

TRADESCANTIA
(Tradescantia virginia)
Nombre popular: Lirio araña.
Poderes: Amor.
Usos mágicos: En el pasado los indios Dakota llevaban la tradescantia para atraer el amor.

TRÉBOL *(Trifolium spp.)*
Nombres populares: Miel, tallos de miel, trébol, hierba de tres hojas, trefoil y trifoil.
Género: Masculino.
Planeta: Mercurio.
Elemento: Aire.
Deidad: Rowen.
Poderes: Protección, dinero, amor, fidelidad, exorcismo y éxito.
Usos mágicos: De dos hojas— Si encuentra un trébol de dos hojas pronto encontrará un amante.

De tres hojas— El trébol de tres hojas, sirve como amuleto protector.

De cuatro hojas— Ayuda a los hombres a librarse del servicio militar. También protege de la locura, fortalece los poderes psíquicos, permite detectar la presencia de espíritus y conduce hacia el dinero y tesoros.

Si dos personas comen juntas un trébol de cuatro hojas, se enamorarán. Siete granos de trigo depositados sobre un trébol de cuatro hojas permite ver hadas. Si pone un trébol de cuatro hojas dentro del zapato antes de salir a la calle, aumentará sus posibilidades de encontrar un nuevo amor.

De cinco hojas— El trébol de cinco hojas es poderoso para atraer dinero, y debe llevarse encima con este propósito.

Trébol blanco— Se emplea para actuar contra los hechizos, y con este fin se lleva encima o se esparce por los edificios.

Trébol rojo— Este trébol añadido al agua del baño le ayuda a tratar todo tipo de cuestiones financieras. También se utiliza en pociones de deseo sexual; la infusión se salpica para eliminar los espíritus negativos.

El trébol sembrado en su propiedad impide que las serpientes se acerquen. Cuando se pone en el zapato izquierdo, olvidándolo después, el trébol mantiene el mal alejado. Si se lleva sobre el pecho derecho, proporciona éxito en todas las empresas. Si ha sufrido un desengaño amoroso, lleve trébol cerca de su corazón envuelto en un trozo de seda azul para que le ayude a superarlo.

TRIGO *(Triticum spp.)*

Género: Femenino.
Planeta: Tierra.
Deidades: Ceres, Deméter e Ishtar.
Poderes: Fertilidad y dinero.
Usos mágicos: El trigo, símbolo de la abudancia, se lleva o se come a veces para inducir la fertilidad y la concepción. En la casa se ponen gavillas de trigo para atraer dinero, y los granos se llevan en saquitos por la misma razón.

TRILLIUM *(Trillium spp.)*

Nombres populares: Beth, raíz de Beth, raíz hindú y amor verdadero.
Género: Femenino
Planeta: Venus.
Elemento: Agua.
Poderes: Dinero, suerte y amor.
Usos mágicos: El trillium atrae suerte y dinero a su portador. Su raíz también se frota por el cuerpo para atraer el amor.

TULIPÁN *(Tulipa spp.)*

Género: Femenino.
Planeta: Venus.
Elemento: Tierra.
Poderes: Prosperidad, amor, protección.
Usos mágicos: Se utiliza para protegerse de la pobreza y de la mala suerte.

Tulipán significa "turbante" y su flor se lleva en el turbante en los países de oriente Medio como protección. Los tulipanes se colocan sobre el altar durante los hechizos de amor.

UVA *(Vitis vinifera)*

Género: Femenino.
Planeta: Luna.
Elemento: Agua.
Deidades: Dionisios, Baco y Hathor.
Poderes: Fertilidad, magia de jardín, poderes mentales y dinero.
Usos mágicos: Pueden pintarse cuadros de uvas verdes en las paredes del jardín para asegurar la fertilidad.

Comer uvas o pasas de Corinto aumenta la fertilidad y fortalece los poderes mentales. Coloque uvas sobre el altar mientras realiza hechizos de dinero.

VACCINIO
(Vaccinum frondosum)

Nombres populares: Arándano.

Poder: Protección.

Usos mágicos: Coloque algunos arándanos debajo del tapete de la puerta para mantener alejadas de su propiedad a las personas indeseables. También sirve para protegerse del mal.

Haga pasteles de arándanos y cómalos cuando sea víctima de un ataque psíquico; de este modo, la protección entra en su interior y aumenta la eficacia de la hierba.

VAINILLA
(Vanilla aromatica o V. planifolia)

Género: Femenino.

Planeta: Venus.

Elemento: Agua.

Poderes: Amor, deseo sexual y poderes mentales.

Usos mágicos: La vainilla, un tipo de orquídea fermentada, se utiliza en saquitos de amor; su aroma y su sabor se consideran afrodisiacos. Una semilla de vainilla colocada dentro de un tarro de azúcar lo infundirá de vibraciones amorosas; el azúcar puede entonces utilizarse para endulzar infusiones de amor. Su semilla restaura la energía perdida y mejora el intelecto.

VALERIANA
(Valeriana officinalis)

Nombres populares: Curalotodo, amantilla, carnicero sangriento, valeriana de gato, valeriana inglesa, valeriana fragante, heliotropo de jardín, phu, valeriana roja, hierba de S. Jorge y raíz de vándalo.

Género: Femenino.

Planeta: Venus.

Elemento: Agua.

Poderes: Amor, sueño, purificación y protección.

Usos mágicos: Esta raíz es de olor desagradable. Pulverizada, se utiliza en saquitos de protección. Colgada en casa la protege contra el rayo y se pone dentro de las almohadas para ayudar a conciliar el sueño.

Una ramita de esta planta prendida a las ropas de una mujer la hará atractiva a los hombres. También se añade a los saquitos de amor. Si una pareja está discutiendo, introduzca un poco de esta hierba en el lugar y pronto volverá la calma.

Los griegos colgaban una ramita de valeriana bajo una ventana para ahuyentar el mal. La raíz, pulverizada, se emplea algunas veces como "polvo de cementerio".

VARA DE ORO
(Solidago odora)

Nombres populares: Vara de Aarón, té de montaña azul, solidago, dulce olorosa y hierba de heridas.

Género: Femenino.

Planeta: Venus.

Elemento: Aire.

Poderes: Dinero y adivinación.

Usos mágicos: Si desea ver a su futuro amante, lleve encima un trozo de vara de oro y aparecerá por la mañana.

Cuando se sostiene la flor en la mano, la moverá en la dirección donde se hallan los objetos ocultos o perdidos, o bien donde yace un tesoro enterrado. Si una vara de oro brota de repente cerca de la puerta de la casa, la buena fortuna sonreirá a la familia que allí habite. Esta planta también se emplea en hechizos de dinero.

VERBASCO *(Verbascum thapus)*

Nombres populares: Caña de Aarón, hoja sábana, hierba de Júpiter, hinojo del viejo, hierba de Pedro, cayado del pastor, hierba del pastor, planta de terciopelo y gordolobo.

Género: Femenino.

Planeta: Saturno.

Elemento: Fuego.

Deidad: Júpiter.

Poderes: Valor, protección, salud, adivinación amorosa y exorcismo.

Usos mágicos: El verbasco sirve para mantener alejados a los animales salvajes e infunde valor en su portador. Unas cuantas hojas en los zapatos previene contra los catarros. Se lleva para conseguir el amor del sexo opuesto. Si se rellena una almohada con verbasco o se coloca debajo de ella, previene las pesadillas.

En la India está considerado como el más poderoso guardián contra los malos espíritus y la magia, y se cuelga en las puertas y ventanas, o se lleva en saquitos. El "Polvo de cementerio", un ingrediente poco usual en los hechizos, puede ser sustituido con hojas de verbasco en polvo.

En la antigüedad las brujas y los magos utilizaban lámparas de aceite para iluminar sus hechizos y ritos, y los delicados tallos y hojas de verbasco muchas veces servían de mecha.

VERBENA *(Verbena officinalis)*

Nombres populares: Británica, planta de encantadores, Yerba sacra, hierba de encantamientos, hierba de gracia, hierba de la cruz, hierba sagrada, lágrimas de Juno, hierba de pichón, vanvan, verbena y vervan.

Género: Femenino.

Planeta: Venus.

Elemento: Tierra.

Deidades. Kerridwen, Marte, Venus, Aradis, Isis, Júpiter, Thor y Juno.

Poderes: Amor, protección, purificación, paz, dinero, juventud, castidad, sueño y curación.

Usos rituales: Los sacerdotes de la antigua Roma usaban la verbena para limpiar los altares de Júpiter. Se hacían pequeños ramos de verbena y se barrían los altares con ellos. Según la tradición, las hijas de los druidas que eran iniciadas se coronaban con verbena; esto era señal del rango adquirido. (Como con todo lo "druídico", esto hay que considerarlo todo un hecho poético, más que histórico).

Usos mágicos: La verbena se recoge tradicionalmente en verano o a la salida de Sirio, cuando todavía no ha salido ni el Sol ni la Luna.

La verbena es un ingrediente común en las mezclas de amor y los hechizos protectores. Una corona de verbena puesta sobre la cabeza protege al mago mientras invoca a los espíritus. Cualquier parte de esta planta puede portarse como amuleto personal. Poner verbena en casa la protege del rayo y de las tormentas. Salpicar una infusión en su propiedad ahuyenta a los malos espíritus. También se pone verbena en los inciensos de exorcismo y en las mezclas para salpicar. Es además un ingrediente común en la purificación de saquitos de baño.

La hierba seca se esparce por la casa como pacificador y también se lleva encima para calmar emociones. Se utiliza en hechizos de dinero y prosperidad. Si se entierra en el jardín o se pone dentro de la casa, fluirá la riqueza y las plantas crecerán mucho.

Para permanecer casto durante largos períodos de tiempo, levántese antes del amanecer el primer día de Luna nueva, corte verbena, exprima su jugo y bébaselo. Según la leyenda, perderá todo deseo sexual durante siete años.

Portar la verbena puede brindarle la juventud eterna, si se pone en la cama, se cuelga alrededor del cuello o se hace una infusión y se bebe antes de acostarse, no le perseguirá sueño alguno.

También es una buena hierba curativa. Si se unta el jugo no disuelto de la verbena sobre el cuerpo, curará las enfermedades y protegerá contra futuros problemas de salud. Para ayudar a la recuperación, la raíz atada con una una yarda de hilaza blanca de longitud (91,44 cm.) se coloca alrededor del cuello del paciente. Deberá permanecer así hasta que esté recuperado.

Para averiguar si una persona enferma vivirá o morirá, coja verbena en su mano y apriétela contra el paciente para que la hierba pase inadvertida. Pregúntele cómo se siente; si tiene esperanzas, vivirá; si no, podría morir.

Si alguien conocido le ha quitado algo, lleve verbena y enfréntese a esa persona. Con seguridad volverá a recuperar todos los objetos robados.

Si se pone verbena en la cuna de un niño, éste crecerá con una feliz disposición y ganas de aprender.

El jugo de verbena, untado sobre el cuerpo, hace que la persona vea el futuro, se le cumplan todos los deseos, convierta en amigos a sus enemigos, atraiga amantes y esté protegido contra todo encantamiento. La verbena quemada disipa el amor no correspondido.

VERBENA LIMÓN
(Lippia citriodora)

Nombres populares: Cedron, hierba-luisa.

Género: Masculino.

Planeta: Mercurio.

Elemento: Aire.

Poderes: Purificación, amor.

Usos mágicos: Si cuelga esta planta alrededor de su cuello, o bebe un poco de su jugo, le preservará del sueño.

También para volverse más atractivo al sexo opuesto, y se utiliza para mezclas y filtros de amor.

La hierba se añade a otras mezclas para aumentar su fortaleza, y a veces se utiliza para purificar un área, o se añade al agua para los baños con propósitos purificantes.

VERDOLAGA
(Portulaca sativa)

Nombres populares: Verdolaga de jardín y verdolaga dorada.

Género: Femenino.

Planeta: Luna.

Elemento: Agua.

Poderes: Sueño, amor, suerte, protección y felicidad.

Usos mágicos: Si se extiende una verdolaga sobre la cama, ninguna pesadilla volverá a molestar a sus ocupantes durante la noche.

Llevarla consigo atrae el amor y la suerte, y además mantiene alejado el mal. Los soldados la llevaban para protegerse en la batalla. Esparcir verdolaga por la casa exparse la felicidad en su interior.

VETIVER *(Vetiveria zizanioides)*

Nombres populares: Khus-khus, vetiver.
Género: Femenino.
Planeta: Venus.
Elemento: Tierra.
Poderes: Amor, romper hechizos, suerte, dinero y antirrobo.

La raíz de vetiver se quema para vencer malos hechizos. También se emplea en polvos, saquitos e inciensos de amor y se pone en el agua del baño dentro de un saquito para volverse atractivo para el sexo opuesto.

Esta planta se usa en hechizos y mezclas de dinero, se coloca en la caja registradora para hacer crecer el negocio, se porta para atraer buena suerte y se quema en inciensos diseñados para evitar el robo.

VIBURNO (CORDÓN DE ZAPATO DEL DIABLO)

(Viburnum alnifolium)

Poderes: Protección, suerte en el juego, poder y empleo.

Usos mágicos: Esta hierba desvía el mal cuando se cuelga alrededor del cuello, y protege a su portador contra envenenamientos accidentales. Los jugadores la llevan como un amuleto de la buena suerte.

Corte la raíz en pequeños trozos, póngalos en un recipiente lleno de whisky y alcohol de alcanfor. Cuando necesite poder de algún tipo, saque un trozo de raíz y frótese las manos con él. Luego, use la raíz de forma apropiada (por ejemplo, si desea dinero, póngala cerca del dinero o en el monedero).

Si lleva un trozo de viburno en el bolsillo cuando busque empleo, o cuando tenga problemas en el trabajo, le ayudará a ser contratado o bien allanará las dificultades. Llévese también cuando pida un aumento de sueldo.

VIDA ETERNA *(Anaphalis spp. o Gnaphalium uliginosum)*

Nombres populares: Eterna, bálsamo campestre, vida eterna de aroma dulce y bálsamo blanco.

Poderes: Longevidad, salud y curación.

Usos mágicos: Se emplea en hechizos de longevidad y para recuperar la juventud. También se guarda en casa o se lleva consigo para prevenir enfermedades o la mala salud.

Beba una infusión de vida eterna todas las mañanas antes de comer o beber cualquier otra cosa, al tiempo que dice:

Escalofríos y enfermedades, dolores y males, enfréntense con la vida eterna.

Esto asegura una larga vida relativamente libre de enfermedades.

VINCAPERVINCA
(Vinca minor) VENENOSA

Nombres populares: Botones azules, centocchiio (italiano: cien ojos), ojo del diablo, alegría de la tierra y violeta de la hechicera.

Género: Femenino.

Planeta: Venus.

Elemento: Agua.

Poderes: Amor, deseo sexual, poderes mentales, dinero y protección.

Usos mágicos: Esta es una poderosa hierba mágica. Debe tomarse siguiendo procedimientos estrictos antes que resulte eficaz en magia. Debe arrancarse cuando la persona está "limpia de toda impureza", cuando la luna esté en la primera, novena, onceaba, o treceaba noche, y habrá que recitar el siguiente encantamiento mientras se toma la planta:

Yo te ruego, vincapervinca, a ti que mereces ser tenida por tus muchas cualidades, que vengas a mí floreciendo alegre con todo tu poder, que me dotes de protección, prosperidad e inmunidad contra los venenos y el agua.

Después de esta operación, se lleva la planta consigo para obtener gracia, atraer dinero y protegerse de las serpientes, el veneno, los animales salvajes, el miedo, el mal de ojo y los espíritus. También se coloca sobre la puerta para proteger el hogar.

La vincapervinca se emplea en hechizos de amor, y se dice que aumenta la pasión cuando se lleva o cuando se esparce bajo el lecho. Si se mira, devuelve los recuerdos.

VIOLETA *(Viola odorata)*

Nombres populares: Violeta azul y violeta dulce.

Género: Femenino.

Planeta: Venus.

Elemento: Agua.

Deidad: Venus.

Poderes: Protección, suerte, amor, deseo sexual, deseos, paz y curación.

Usos mágicos: Cuando se portan sus flores, éstas ofrecen protección contra malos espíritus y producen cambios en la suerte y la fortuna. Mezcladas con espliego, resultan un potente estimulante amoroso y también son afrodisiacas.

Si corta la primera violeta de la primavera, le será concedido su más preciado deseo. Los antiguos griegos llevaban consigo la violeta para calmar el mal humor y para inducir al sueño.

Hacer una corona de violetas y ponerla sobre la cabeza cura los dolores de cabeza y el vértigo, y llevar las hojas en un séquito verde ayuda a curar las heridas e impide que los malos espíritus las empeoren.

VIOLETA AFRICANA
(Saintpaulia ionantha)

Género: Femenino.
Planeta: Venus.
Elemento: Agua.
Poderes: Espiritualidad, protección.
Usos mágicos: Las flores y plantas de color púrpura se cultivan en el hogar para fomentar la espiritualidad dentro de él. Las plantas son ligeramente protectoras cuando crecen.

WAHOO
(Euonymus atropurpuraea)
VENENOSO

Nombres populares: Arbusto ardiente, flecha india y árbol del huso.
Poderes: Romper hechizos, valor y éxito.
Usos mágicos: Haga una infusión con su corteza y déjela enfriar. Frote con ella la frente de una persona embrujada (o bien la suya propia) al tiempo que dice: "¡Wahoo!", siete veces. (Algunas personas dicen que debe trazarse una cruz con la infusión). Esto romperá cualquier hechizo que haya sido lanzado contra la persona.

Cuando se porta, trae éxito a todas las empresas e imparte valor.

YERBA MATE
(Ilex paraguariensis)
Nombres populares: Mate, té paragua-
yo y yerba.
Género: Masculino.
Poderes: Fidelidad, amor, deseo sexual.
Usos mágicos: Se lleva encima para
atraer al sexo opuesto. Su infusión es
una fina poción de "deseo sexual" y si
se bebe en compañía de una persona
amada asegura a la pareja que perma-
necerán juntos. Para romper la relación, derrame un poco sobre la tierra.

YERBA SANTA
(Eriodictyon californicum)
Nombres populares: Hierba de oso,
hierba santa, bálsamo de montaña y
hierba sagrada.
Género: Femenino.
Poderes: Belleza, curación, poderes
psíquicos y protección.
Usos mágicos: La Yerba santa se lleva
para mejorar o alcanzar la belleza y su
infusión se pone en el baño por la
misma razón.

Sus hojas se añaden a los inciensos curativos y se llevan alrededor del
cuello para alejar las enfermedades y las heridas. También se lleva para
obtener fuerza espiritual, para aumentar los poderes psíquicos y para
proteger al portador.

YOHIMBE *(Pausinystalia yohimbe)* VENENOSA
Poderes: Amor y deseo sexual.
Usos mágicos: La infusión de yohimbe se bebe como poción de "deseo
sexual" y la hierba espolvoreada se añade a las mezclas de amor.
Consúmase solo en pequeñas cantidades.

YUCA *(Yucca spp.)*

Género: Masculino.
Planeta: Marte.
Elemento: Fuego.
Poderes: Transmutación, protección y purificación.

Usos mágicos: Según la magia de los indios americanos un aro o lazo de fibras de yuca retorcidas transmutará a una persona en animal si ésta salta a través de él. Otro método aconseja al mago colocar una pequeña guirnalda de fibras de yuca sobre la espalda. Esto hace que la persona pueda asumir cualquier forma que desee.

Una cruz hecha con fibras de yuca retorcidas y colocadas en el hogar (fuego) protegerá la casa del mal.

Las jabonaduras hechas de esta planta se emplean en la purificación del cuerpo antes de la magia. Si se realiza un hechizo para quitar maldiciones y enfermedades, repita las jabonaduras de yuca después para asegurarse que todo rastro del mal o de la enfermedad ha desaparecido.

ZANAHORIA *(Dancus carota)*

Nombres populares: Nido de pájaro y philtrón.
Género: Masculino.
Planeta: Marte.
Elemento: Fuego.
Poderes: Fertilidad y deseo sexual.

Usos mágicos: Comer sus semillas ayuda a las mujeres a quedar embarazas. Las zanahorias se comen para fomentar el deseo sexual y para curar la impotencia.

ZAPATILLA DE LA DAMA *(Cypripedium pubescens)*

Género: Femenino.
Planeta: Saturno.
Elemento: Agua.
Poderes: Protección.
Usos mágicos: La zapatilla de dama se utiliza en saquitos protectores porque protege de todo tipo de maldición, hechizo, encantamiento y del mal de ojo.

ZARZAMORA *(Rubus villosus)*

Nombres populares: Camemoro, zarza, baya de rocío, baya de cabra.
Género: Femenino.
Planeta: Venus.
Elemento: Agua.
Deidad: Brigit.
Poderes: Curación, dinero, protección.
Usos rituales: La zarzamora era considerada sagrada por algunas antiguas deidades paganas de Europa y también se utilizaba en la adoración. En la actualidad, algunos wiccans cocinan tortas de zarzamora en la festividad de Lughnasadh (2 de agosto) para conmemorar la cosecha, vista desde un punto de vista poético como la muerte del dios.
Usos mágicos: Un arbusto de zarza que forme un arco natural resulta de gran ayuda para la curación mágica. Un día soleado, pase a gatas bajo el arco hacia atrás y, después, hacia adelante tres veces, recorriendo, si es posible, la misma distancia hacia el Este como al Oeste. Esto hará desaparecer granos, reúma, espinillas negras y la tos fuerte. Las hojas de zarzamora se emplean en los hechizos de riqueza, así como las bayas mismas, y las vides serán protectoras si se plantan.

La zarzamora también se usa para curar las quemaduras producidas con agua caliente. Sumerja nueve hojas de zarzamora en agua corriente y, después, colóquelas suavemente sobre la herida, al tiempo que recita el siguiente canto tres veces por cada hoja (veintisiete veces en total): .

Tres damas vinieron del Este una con fuego y dos con nieve ¡Que salga el fuego y entre la nieve!.

Se trata de una vieja invocación a Brigit, la antigua diosa celta de la poesía, la curación y la herrería.

ZARZAPARRILLA
(Smilax aspera)
Nombre popular: Zarza de bambú.
Género: Maculino.
Planeta: Júpiter.
Elemento: Fuego.
Poderes: Amor y dinero.
Usos mágicos: La zarzaparrilla se mezcla con cinamomo y sándalo en polvo y se esparce por la casa para atraer dinero. También se emplea en hechizos de amor.

PARTE TRES

LAS TABLAS

GÉNERO

HIERBAS MASCULINAS

Abrótano
Acacia
Acebo
Acedera
Aceituno
Achicoria
Agárico
Agrimonia
Ajenjo
Ajo
Alamo
Albahaca
Alcaravea
Alerce
Alholva
Aliso
Almendra
Anacardo
Anémona hepática
Anemone
Angélica
Anís
Apio
Arce

Arroz
Asa fétida
Atrapamoscas
Aulaga
Avellano
Avena
Azafrán
Badián
Bambú
Banyan
Benjuí
Betónica
Bodhi
Borraja
Bromelia
Bruonia
Cabeza de dragón
Cactus
Caléndula
Camomila
Canela
Caoba
Cardo
Cardo santo

Castaño
Castaño de Indias
Cebolla
Cedro
Celidonia
Centaura
Cidra
Cinoglosa
Clavel
Clavo
Copal
Crisantemo
Cubeba
Culantro
Curry
Chalote
Damiana
Datilero
Diente de león
Dulcamara
Endrino
Enebro
Eneldo
Enula campana

Escila
Espino
Espliego
Eufrasia
Fresno
Fresno espinoso
Galanga
Genciana
Girasol
Goma arábiga
Grama del norte
Granada
Granos del paraíso
Hamamelis
Helecho
Helecho macho
Heliotropo
Hierba de limón
Hierba de S.Juan
Hierbabuena
Higo
Hiniesta
Hinojo
Hisopo
Imperatoria
Incienso
Jengibre
Juan el Conquistador
Judía
Laurel
Lengua de ciervo
Lentisco
Levístico
Lima
Linaria

Lino
Liquidámbar
Lúpulo
Macis
Madreselva
Madroño
Maguey
Mandarina
Mandrágora
Marrubio
Mejorana
Menta
Menta cítrica
Mora
Mostaza
Muérdago
Muguete
Naranja
Nuez
Nuez de Brasil
Nuez moscada
Pacana
Papiro
Peonía
Perejil
Pimienta
Pimienta de Chile
Pimienta inglesa
Pimpinela
Pino
Pino de Norfolk
Piña
Piru
Pistacho
Planta de cera

Poleo
Potentilla
Puerro
Rábano
Rábano picante
Rabo de gato
Raíz de fitolaca
Raíz de sangre
Reina de los prados
Roble
Romero
Ruda
Ruda cabruna
Salvia
Sándalo rojo
Sangre de dragón
Sasafrás
Sello dorado
Sena
Serbal
Sésamo
Seta
Siempreviva mayor
Tabaco
Té
Ti
Tilo
Tomillo salsero
Tormentilla
Trébol
Yerba mate
Yuca
Zanahoria
Zarzaparrilla

HIERBAS FEMININAS

Abedul
Aceite de gaulteria
Aciano
Adán y Eva
Adelfa
Aguacate
Aguileña
Alamo
Albaricoque
Alcanfor
Alcaparra
Alfalfa
Algodón
Aloc
Altea
Amapola
Amaranto
Amor de hortelano
Artemisa
Aster
Avena
Azafrán
Bachú
Bálsamo de Gilead
Banana
Bardana
Beleño
Belladona
Bisorta
Brezo
Cabello de Venus
Calabaza
Cálamo aromático
Camelia
Caña de azúcar
Cáñamo

Cardamomo
Cardo corredor
Cebada
Centeno
Centinodia
Cereza
Ciclamen
Cicuta
Ciprés
Ciruela
Ciruela silvestre
Coco
Col fétida
Cola de caballo
Colza
Conferva
Corazón sangrante
Cuscuta
Datura
Dedalera
Díctamo de Creta
Dondiego de día
Dulse
Eléboro
Ericácea
Espino cerval
Espuela de caballero
Eucalipto
Euforbio
Eupatorio
Fárfara
Frambuesa
Fresa
Fumaria
Gardenia
Guisante

Guisante de color
Haya
Hibisco
Hiedra
Hierba cana
Hierba gatera
Hierba lombriguera
Iris
Jacinto
Jazmín
Kava-kava
Lechuga
Lengua de víbora
Licopodio
Lila
Limón
Lirio
Lirio azul
Lirio florentino
Lobelia
Loto
Lunaria
Llantén
Madera de acedera
Madera de áloes
Magnolia
Maíz
Malva
Mano de la suerte
Manto de la señora
Manzana
Margarita
Matapulgas
Matricaria
Melisa
Melocotón

Membrillo
Menta romana
Mezquite
Milenrama
Mimosa
Mirra
Mirto
Musgo de Irlanda
Narciso
Nardo
Olmo
Olmo campestre
Orquídea
Pamplina
Papaya
Pasionaria
Patata
Pensamiento
Pepino
Pera
Placaminero

Plumeria
Primavera
Regaliz
Remolacha
Repollo
Rosa
Ruibarbo
Salicaria
Sándalo
Sargazo vejigoso
Satirión manchado
Sauce
Saúco
Sello de Salomón
Semilla de amor
Tamarindo
Tamarisco
Tanaceto
Tejo
Tercianaria
Tomate

Tomillo
Tonca
Trigo
Trillium
Tulipán
Uva
Vainilla
Valeriana
Vara de oro
Verbasco
Verbena
Verdolaga
Vetiver
Vincapervinca
Violeta
Violeta africana
Yerba santa
Zapatilla de la señora
Zarzamora

PLANETAS
REGENTES

SOL

Acacia
Acebuche
Achicoria
Anacardo
Angélica
Arroz
Avellano
Azafrán
Benjuí
Bromelia
Caléndula
Camomila
Canela
Cedro
Celidonia
Centaura
Cidra

Clavel
Copal
Crisanto
Datilero
Enebro
Eufrasia
Fresno
Ginseng
Girasol
Goma arábiga
Hamamelis
Heliotropo
Hierba de S.Juan
Incienso
Laurel
Lentisco
Levístico

Lima
Liquidámbar
Mandarina
Muérdago
Naranja
Nuez
Peonía
Piña
Roble
Romero
Ruda
Sándalo
Sello dorado
Serbal
Sésamo
Té
Tormentila

LUNA

Aceite de gaulteria
Alcanfor
Algodón
Aloe
Amapola

Bachú
Calabaza
Cálamo aromático
Camelia
Coco

Colza
Cucumber
Dulse
Eucalipto
Gardenia

Jazmín
Lechuga
Lengua de víbora
Licopodio
Limón
Lirio
Loto
Lunaria
Malva

Melisa
Mezquite
Mirra
Musgo de Irlanda
Pamplina
Aloe
Papaya
Patata
Repollo

Salicaria
Sándalo
Sargazo vejigoso
Sauce
Uva
Verdolaga

MERCURIO

Abrótano
Agárico
Alamo
Alcaravea
Alholva
Almendra
Apio
Dulcamara
Eneldo
Enula campana
Espliego
Granada
Helecho

Helecho macho
Hierba de limón
Hierbabuena
Hinojo
Judía
Lino
Macis
Mandrágora
Marrubio
Mejorana
Menta
Menta cítrica
Mercurio

Mora
Muguete
Nuez de Brasil
Pacana
Papiro
Perejil
Pimpinela
Pistacho
Planta de cera
Ruda cabruna
Sena
Tomillo salsero
Trébol

VENUS

Abedul
Aciano
Aguacate
Aguileña
Albaricoque
Alcaparra
Alfalfa
Amor de hortelano
Artemisa
Aster
Avena

Azafrán
Bálsamo de Gilead
Banana
Bardana
Brezo
Brocha india
Cebello de Venus
Caña de azúcar
Cardamomo
Cardo corredor
Cebada

Centeno
Cereza
Ciclamen
Ciruela
Ciruela silvestre
Corazón sangrante
Dedalera
Díctamo de Creta
Ericácea
Venus
Espuela de caballero

Fárfara
Frambuesa
Fresa
Geranio
Guisante
Guisante de color
Hibisco
Hierba cana
Hierba gatera
Hierba lombriguera
Iris
Jacinto
Lila
Lirio azul
Lirio florentino
Llantén
Madera de acedera
Madera de áloes
Magnolia
Maíz

Mano de la suerte
Manto de la señora
Manzana
Margarita
Matricaria
Melocotón
Menta romana
Mirto o Arrayán
Narciso trompón
Nardo
Orquídea
Pasionaria
Pera
Placaminero
Plumeria
Primavera
Raíces de Adam y Eva
Regaliz
Rosa
Ruibarbo

Satirión manchado
Sauce
Saúco
Tanaceto
Tomate
Tomillo
Tonca
Trigo
Trillium
Tulipán
Vainilla
Valeriana
Vara de oro
Verbena
Vetiver
Vileta
Vincapervinca
Violeta africana
Zarzamora

MARTE

Acebo
Ajo
Albahaca
Anemone
Asa fétida
Asperilla
Atrapamoscas
Aulaga
Bruonia
Cabeza de dragón
Cactus
Cardo
Cardo santo
Cebolla
Cinoglosa

Cubeba
Culantro
Curry
Chalote
Damiana
Endrino
Escila
Espino
Fresno espinoso
Galanga
Genciana
Granos del paraíso
Hiniesta
Imperatoria
Jengibre

Juan el Conquistador
Lengua de ciervo
Linaria
Lúpulo
Maguey
Menta
Mostaza
Ortiga
Pimienta
Pimienta de Chile
Pimienta inglesa
Pino
Pino de Norfolk
Piru
Poleo

Puerro

Rábano

Rábano picante

Raíz de fitolaca

Raíz de sangre

Sangre de dragón

Tabaco

Yuca

Zanahoria

JÚPITER

Acedera

Agrimonia

Anémona hepática

Anís

Arce

Avena

Badián

Banyan

Betónica

Bodhi

Borraja

Castaño

Castaño de Indias

Clavo

Diente de león

Endibia

Grama del norte

Higo

Hisopo

Madreselva

Nuez moscada

Potentilla

Reina de los prados

Salvia

Sasafrás

Siempreviva mayor

Ti

Tilo

Zarzaparrilla

SATURNO

Acónito

Alamo

Amaranto

Beleño

Belladona

Bisorta

Cáñamo

Centinodia

Cicuta

Ciprés

Col fétida

Cola de caballo

Conferva

Cuscuta

Datura

Dondiego de día

Eléboro

Espino cerval

Euforbio

Eupatorio

Fumaria

Haya

Hiedra

Kava-kava

Lobelia

Membrillo

Mimosa

Olmo

Olmo campestre

Pachulí

Pensamiento

Remolacha

Sello de Salomón

Tamarindo

Tamarisco

Tejo

Tercianaria

Verbasco

Zapatilla de la señora

ELEMENTOS REGENTES

TIERRA

Adelfa	Cola de caballo	Membrillo
Alfalfa	Colsa	Pachulí
Alforfón	Fumaria	Patata
Algodón	Guisante	Primavera
Artemisa	Helecho	Remolacha
Avena	Lunaria	Ruibarbo
Bisorta	Madera de Acedera	Salicaria
Cebada	Madreselva	Trigo
Centeno	Magnolia	Tulipán
Centinodia	Maíz	Verbena
Ciprés	Marrubio	Vetiver

AIRE

Abrótano	Arce	Datilero
Acacia	Arroz	Diente de león
Acedera	Avellano	Dulcamara
Achicoria	Badián	Endibia
Agárico	Banyan	Enula
Agrimonia	Benjuí	Espliego
Alamo	Bisorta	Eufrasia
Alcaravea	Bodhi	Helecho
Alholva	Borraja	Helecho macho
Almendra	Bromelia	Hierba de limón
Anís	Cidra	Hierbabuena

Hiniesta
Judía
Lentisco
Lúpulo
Macis
Mejorana
Menta cítrica
Mora
Muérdago

Nuez de Brasil
Olmo campestre
Pacana
Papiro
Perejil
Pimpinela
Pino
Pistacho
Planta de cera

Reina de los prados
Ruda cabruna
Salvia
Sena
Siempreviva mayor
Tilo
Tomillo salcero
Trébol
Vara de oro

FUEGO

Acebo
Acebuche
Ajenjo
Ajo
Albahaca
Amaranto
Anacardo
Anémona hepática
Anemone
Angélica
Apio
Asa fétida
Asperilla
Atrapamoscas
Aulaga
Avena
Azafrán
Betónica
Bruonia
Cabeza de dragón
Cactus
Caléndula
Canela
Caoba
Cardo

Cardo santo
Castaño
Castaño de Indias
Cebolla
Cedro
Celidonia
Centaura
Chalote
Cinoglosa
Clavel
Clavo
Comino
Crisantemo
Cubeba
Culantro
Curry
Damiana
Endrino
Enebro
Eneldo
Escila
Espino
Fresno
Fresno espinoso
Galanga

Genciana
Ginseng
Girasol
Granada
Granos del paraíso
Hamamelis
Heliotropo
Hierba de S.Juan
Higo
Hinojo
Hisopo
Imperatoria
Incienso
Jengibre
Juan el Conquistador
Sésamo
Laurel
Lengua de ciervo
Levístico
Lima
Linaria
Lino
Liquidámbar
Maguey
Mandarina

Mandrágora
Menta
Mostaza
Naranja
Nuez
Nuez moscada
Pimienta
Pimienta de Chile
Pimienta inglesa
Piña
Pino de Norfolk
Piru

Poleo
Potentilla
Puerro
Rábano
Rabo de gato
Raíz de fitolaca
Raíz de sangre
Roble
Romero
Ruda
Sangre de dragón
Sasafrás

Sello dorado
Serbal
Tabaco
Té
Ti
Tormentila
Verbasco
Yuca
Zanahoria
Zarzaparrilla

AGUA

Abedul
Aceite de gaulteria
Aciano
Acónito
Aguacate
Aguileña
Alamo
Albaricoque
Alcanfor
Alcaparra
Aloe
Altea
Amapola
Amor de hortelano
Aster
Bachú
Bálsamo de Gilead
Banana
Bardana
Beleño
Belladona
Brezo
Brocha india

Cabello de Venus
Calabaza
Cálamo aromático
Camelia
Camomila
Caña de azúcar
Cáñamo
Cardamomo
Cardo corredor
Cereza
Ciclamen
Cicuta
Ciruela
Ciruela silvestre
Coco
Col fétida
Corazón sangrante
Cuscuta
Datura
Dedalera
Díctamo de Creta
Dondiego de día
Dulse

Eléboro
Ericácea
Espino cerval
Espuela de caballero
Eucalipto
Euforbio
Eupatorio
Fárfara
Frambuesa
Fresa
Gardenia
Guisante de color
Hibisco
Hierba cana
Hierba gatera
Hierba lombriguera
Iris
Jacinto
Jazmín
Kava-kava
Lechuga
Licopodio
Lila

Limón
Lirio
Lirio azul
Lirio florentino
Lobelia
Lotus
Lunaria
Madera de áloes
Malva
Mano de la suerte
Manto de la señora
Manzana
Margarita
Matricaria
Melisa
Melocotón
Menta romana
Mezquite
Milenrama
Mimosa
Mirra

Mirto
Musgo de Irlanda
Narciso trompón
Nardo
Olmo
Orquídea
Pamplina
Papaya
Pasionaria
Pensamiento
Pera
Placaminero
Plumeria
Raíces de Adán y Eva
Regaliz
Repollo
Rosa
Sándalo
Sargazo vejigoso
Sauce
Saúco

Sello de salomón
Semilla de amor
Tamarindo
Tamarisco
Tanaceto
Tejo
Tercianaria
Tomate
Tomillo
Tonca
Trillium
Uva
Vainilla
Valeriana
Verdolaga
Vincapervinca
Violeta
Violeta africana
Zapatilla de la señora
Zarzamora

INTENCIONES
MÁGICAS

Adivinación:
Alcanfor
Cereza
Diente de león
Granada
Hibisco
Hiedra de tierra
Higo
Hiniesta
Lirio florentino
Naranja
Reina de los prados
Vara de oro

Amistades,
para fomentar las:
Guisante de color
Limón
Pasionaria
Semilla de amor

Amor, adivinaciones
de:
Cuscuta
Hierba de S. Juan

Lechuga
Pensamiento
Rosa
Sauce
Verbasco

Amor, para atraer:
Abrótano
Aciano
Actaea
Adán y Eva
Adelfa
Aguacate
Aguileña
Ajenjo
Albahaca
Albaricoque
Alcaparra
Amapola
Amor de hortelano
Anémona hepática
Apócino
Arce
Aster
Atrapamoscas

Avena
Azafrán
Bálsamo de Gilead
Betónica
Bocado del Diablo
Brocha india
Cabello de Venus
Calvo
Calzón de holandés
Camomila
Canela
Caña de azúcar
Cáñamo
Cardamomo
Cardo corredor
Castaño
Cebada
Centeno
Cereza
Ciruela
Copal
Corazón sangrante
Cuasia de Jamaica
Cubeba
Culantro

Damiana
Endibia
Enebro
Eneldo
Enula campana
Espliego
Estragón
Eupatorio
Fárfara
Frambuesa
Fresa
Fresno espinoso
Gardenia
Genciana
Geranio
Ginseng
Grama del norte
Granos del paraíso
Guisante
Helecho macho
Hibisco
Hierba gatera
Higo
Jacinto
Jazmín
Jengibre
Juan el Conquistador
Judías
Kava-kava
Lentisco
Levístico
Lima
Limón
Lobelia
Loto
Lunaria
Madera de áloes

Malva
Mandrágora
Manto de la señora
Manzana
Margarita
Mejorana
Melisa
Melocotón
Membrillo
Menta
Menta romana
Milenrama
Mimosa
Mirto
Muérdago
Naranja
Narciso trompón
Nuez
Nuez de Brasil
Olmo
Orquídea
Pamplina
Papaya
Pensamiento
Pera
Pimienta
Pimienta de Chile
Plumeria
Primavera
Puerro
Raíz de sangre
Regaliz
Reina de los prados
Remolacha
Romero
Rosa
Ruda

Sangre de dragón
Sanícula
Satirión manchado
Sauce
Semilla de amor
Sena
Siempreviva mayor
Sumbul
Talictrum
Tamarindo
Tercianaria
Tilo
Tomate
Tomillo
Tonca
Tormentila
Tradescantia
Trébol
Trillium
Tulipán
Vainilla
Valeriana
Verbena
Verdolaga
Vetiver
Vincapervinca
Violeta
Yerba mate
Yohimbe
Zarzaparrilla

Asuntos legales, para ayudar en los:
Caléndula
Cáscara sagrada
Celidonia
Col fétida

Espino cerval
Nuez dura

Belleza, para obtener:
Aguacate
Cabello de Venus
Ginseng
Hierba gatera
Lino
Hierba santa

Castidad, para conservar la:
Alcanfor
Cactus
Coco
Espino
Espliego
Guisante de color
Hamamelis
Matapulgas
Pepino
Piña
Verbena

Caza, para ayudar en la:
Estragón
Hierba de asno
Muérdago
Parosela

Cerraduras, para abrir:
Achicoria
Loto

Lunaria
Muérdago

Curación, para la:
Acebuche
Acedera
Aceite de gaulteria
Ajo
Alheña
Amaranto
Angélica
Artemisa
Azafrán
Bálsamo de Gilead
Bardana
Cálamo aromático
Canela
Cáñamo
Cardo
Castaño de Indias
Cebada
Cebolla
Cedro
Cidra
Ciruela silvestre
Clavel
Dulcamara
Escrofularia
Eucalipto
Gardenia
Ginseng
Helecho
Heliotropo
Hiedra
Hierba cana
Hierbabuena
Hinojo

Lágrimas de Job
Laurel
Lengua de víbora
Lima
Lino
Lúpulo
Llantén
Madera de acedera
Manzana
Marrubio
Melisa
Menta
Menta romana
Mezquite
Mirra
Ortiga
Patata
Pepino
Pimienta inglesa
Pino
Piru
Placaminero
Primavera
Roble
Romero
Rosa
Ruda cabruna
Sándalo
Sauce
Saúco
Sello dorado
Serbal
Tabaco
Ti
Tomillo
Verbena
Vida eterna

Violeta
Yerba santa
Zarzamora

Chismorreos,
para silenciar los:
Clavo
Olmo campestre

Deseo sexual,
para aumentar o
provocar el:
Abrótano
Acebuche
Aguacate
Ajo
Alcaparra
Alcaravea
Apio
Aristoloquia
Azafrán
Canela
Cardo corredor
Cebolla
Damiana
Dulse
Endibia
Eneldo
Galanga
Ginseng
Grama del norte
Granos del paraíso
Hibisco
Hierba de limón
Hierbabuena
Lengua de ciervo
Maguey

Margarita
Ortiga
Pachulí
Perejil
Rábano
Rabo de gato
Regaliz
Romero
Sésamo
Vainilla
Violeta
Yerba mate
Yohimbe
Zanahoria

Deseo sexual,
para disminuir el:
Alcanfor
Hamamelis
Lechuga
Verbena

Deseos,
para manifestar los:
Avellano
Bambú
Cornejo
Diente de león
Espino cerval
Ginseng
Girasol
Granada
Granos del paraíso
Haya
Lágrimas de Job
Liquidámbar
Nuez

Salvia
Sándalo
Tonca
Violeta

Dinero, riquezas y
tesoros, para obtener:
Acedera
Alamo
Albahaca
Alfalfa
Alforfón
Alholva
Almendra
Amapola
Anacardo
Arce
Aristoloquia
Arroz
Asperilla
Aulaga
Avena
Berberís
Bromelia
Bruonia
Cabeza de dragón
Cálamo aromático
Camelia
Camomila
Canela
Cáscara sagrada
Castaño de Indias
Cebolla
Cedro
Clavo
Conferva
Eneldo

Escila
Fumaria
Galanga
Granada
Granos de paraíso
Guisante
Helecho
Heliotropo
Hierbabuena
Jazmín
Jengibre
Juan el Conquistador
Lino
Lirio azul
Lunaria
Madreselva
Mandrágora
Mano de la suerte
Mejorana
Menta cítrica
Mirto
Musgo
Musgo de Irlanda
Naranja
Nuez moscada
Pacana
Pachulí
Pimienta inglesa
pino
Piña
Pipssissewa
Polígala
Potentilla
Primavera
Roble
Sanícula
Sargazo vejigoso

Sasafrás
Saúco
Sello dorado
Sésamo
Té
Tonca
Trébol
Trigo
Trillium
Uva
Vara de oro
Verbena
Vetiver
Vincapervinca
Zarzamora

Embrujos,
para romper:
Aceite de gaulteria
Bambú
Cardo
Cardo santo
Datura
Ericácea
Escila
Fitolaca
Galanga
Hortensia
Linaria
Pimienta de Chile
Vetiver
Wahoo

Empleo, para obtener
o conservar el:
Cordón de zapato del
diablo

Mano de la suerte
Pacana

Espiritualidad, para
fortalecer la:
Canela
Gardenia
Goma arábiga
Incienso
Madera de áloes
Mirra
Sándalo
Violeta africana

Espíritus, para evocar:
Ajenjo
Cardo
Diente de león
Hierba dulce
Pipssissewa
Tabaco

Éxito,
para alcanzar el:
Canela
Corteza de invierno
Jengibre
Juan el Conquistador
Melisa
Serbal
Trébol
Wahoo

Exorcismo:
Abedul
Ajo
Albahaca

Albaricoque
Angélica
Artemisa
Asa fétida
Avena
Bocado del diablo
Cabeza de dragón
Cardo
Cebolla
Clavo
Comino
Endrino
Enebro
Espino cerval
Eupatorio
Fumaria
Grama del Norte
Helecho
Heliotropo
Hierbabuena
Incienso
Judías
Lila
Madroño
Malva
Marrubio
Matapulgas
Milenrama
Mirra
Muérdago
Ortiga
Peonía
Pimienta
Pino
Puerro
Rábano picante
Romero

Ruda
Sándalo
Sangre de dragón
Saúco
Tamarisco
Trébol
Verbasco

Felicidad,
para aumentar la:
Azafrán
Celidonia
Ciclamen
Dondiego del día
Espino
Espliego
Grama del norte
Hierba de S. Juan
Hierba gatera
Jacinto
Juan el Conquistador
Mejorana
Membrillo
Muguete
Reina de los prados
Verdolaga

Fertilidad,
para aumentar la:
Acebuche
Acedera
Agárico
Amapola
Arroz
Avellano
Banana
Bisorta

Bodhi
Ciclamen
Cola de caballo
Dátil
Espino
Geranio
Girasol
Granada
Higo
Mandrágora
Melocotón
Mirto
Mostaza
Muérdago
Narciso trompón
Nuez
Pachulí
Pepino
Pino
Roble
Satirión manchado
Trigo
Uva
Zanahoria

Fidelidad:
Arveja gigante
Centeno
Comino
Magnolia
Nardo
Nuez moscada
Pamplina
Pimienta de Chile
Regaliz
Ruibarbo
Saúco

Tercianaria
Trébol
Yerba mate

**Fortaleza, para
infundir:**
Artemisa
Azafrán
Cardo
Clavel
Guisante de color
Hierba de S. Juan
Imperatoria
Laurel
Llantén
Mora
Poleo
Té

**Hechizos de amor,
para romper:**
Lirio
Loto
Pistacho
Melocotón
Salvia
Tanaceto
Vida eterna

**Infertilidad,
para crear:**
Nuez

**Inmortalidad,
para alcanzar la:**
Manzana
Salvia
Tilo

**Invisibilidad,
para conseguir:**
Acónito
Achicoria
Amapola
Amaranto
Flor de nieve
Helecho
Heliotropo
Muérdago

**Juventud,
para conservar o
recuperar la:**
Anís
Helecho
Mirto
Primavera
Romero
Verbena

**Longevidad,
para adquirir:**
Arce
Ciprés
Espliego
Limón
Melocotón
Salvia
Tanaceto
Vida eterna

Lluvia, para provocar:
Algodón
Arroz
Brezo
Helecho
Hongo
Pensamiento

**Magia de imágenes,
plantas empleadas
en la:**
Bruonia
Fresno
Mandrágora
Paja
Patata

**Manifestaciones,
para favorecer las:**
Bálsamo de Gilead
Díctamo de Creta
Lentisco

**Meditación,
para ayudar en la:**
Bodhi
Gotu kola

**Muertos,
para levantar a los:**
Tejo

**Paz y armonía,
para infundir:**
Acebuche
Cardo corredor
Dondiego de día

Dulse
Espliego
Gardenia
Mirto
Pasionaria
Poleo
Reina de los prados
Saliaria
Tercianaria
Verbena
Violeta

Poder, para obtener:
Clavel
Cordón de zapato del
diablo
Ebano
Genciana
Jengibre
Licopodio
Serbal

**Poderes psíquicos,
para fortalecer los:**
Acacia
Ajenjo
Altea
Apio
Artemisa
Azafrán
Badián
Bisorta
Borraja
Buchú
Caléndula
Canela
Cidra
Enula campana

Eufrasia
Galanga
Gayuba
Hierba
Hierba de limón
Laurel
Lentisco
Lino
Macís
Madreselva
Menta
Milenrama
Rosa
Sargazo vejigoso
Serbal
Stillingia
Sumbul
Tomillo
Yerba santa

**Poderes mentales,
para fortalecer los:**
Alcaravea
Apio
Eufrasia
Macis
Marrubio
Menta romana
Mostaza
Muguete
Nuez
Romero
Ruda
Tomillo salsero
Uva
Vincapervinca

*Potencia sexual,
para recuperar la:*
Acebuche
Actaea
Alcaparra
Banana
Dátil
Judías
Roble
Sangre de dragón

*Prosperidad,
para obtener:*
Alcana
Alfalfa
Almendra
Banana
Benjuí
Fresno
Nuez
Roble
Tomate
Tulipán

*Protección,
para lograr:*
Abedul
Abrótano
Acacia
Acebo
Acebuche
Aceite de gaulteria
Acónito
Ataea
Agrimoni
Ajenjo
Ajo
Albahaca

Alcaravea
Alerce
Algodón
Aliso
Aloe
Altea
Amaranto
Anemone
Angélica
Anís
Arroz
Artemisa
Asa fétida
Atrapamoscas
Aulaga
Avellano
Bálsamo de Gilead
Bambú
Bardana
Betónica
Bocado del diablo
Bodhi
Brezo
Bromelia
Bruonia
Cabeza de dragón
Cáctus
Calabaza
Cálamo aromático
Caléndula
Canela
Cardo
Cáscara sagrada
Cebada
Cebolla
Cedro
Celidonia
Cereales

Ciclamen
Cinchona
Ciprés
Ciruela
Clavel
Clavo
Coco
Colza
Comino
Cordón de zapato del diablo
Cornejo
Crisantemo
Curry
Datura
Dedalera
Dulcamara
Ebano
Eucalipto
Endrino
Enebro
Eneldo
Emula campana
Escila
Escrofularia
Espino cerval
Espliego
Espuela de caballero
Euforbio
Eupatorio
Frambuesa
Fresno
Galanga
Geranio
Ginseng
Hamamelis
Helecho
Hiedra

Hierba
Hierba de S. Juan
Hierba del piloto
Hierba lombriguera
Hierbabuena
Hiniesta
Hinojo
Hisopo
Imperatoria
Incienso
Jacinto
Judía
Kava-kava
Laurel
Lechuga
Licopodio
Lila
Lima
Linaria
Lino
Liquidámbar
Lirio
Lirio florentino
Loto
Llantén
Madreselva
Madroño
Malva
Mandrágora
Mano de la suerte
Marrubio
Matapulgas
Membrillo
Mimosa
Mirra
Molukka
Mora
Mostaza

Muérdago
Musgo español
Musgo de Irlanda
Ortiga
Papaya
Papiro
Peonía
Perejil
Pimienta
Pimpinela
Pino
Pino de Norfolk
Piru
Planta de cera
Poleo
Polígala
Potentilla
Primavera
Puerro
Tábano
Raíces
Raíz de ague
Raíz de sangre
Ricino
Roble
Romero
Rosa
Ruibarbo
Salicaria
Salvia
Sándalo
Sangre de dragón
Sargazo vejigoso
Sauce
Saúco
Serbal
Siempreviva mayor

Talictrum
Tamarisco
Ti
Tilo
Tomate
Tormentila
Trébol
Tulipán
Vaccinio
Valeriana
Verbasco
Verbena
Verdolaga
Vincapervinca
Violeta
Violeta africana
Yerba santa
Yuca
Zapatilla de la señora
Zarzamora

Proyección astral,
para ayudar en:
Alamo
Artemisa
Díctamo de Creta

Purificación:
Alcanna
Anís
Artemisa
Asa fétida
Avena
Benjuí
Betónica
Camomila
Cardo santo

Cedro
Coco
Copal
Cúrcuma
Chalote
Espliego
Euforbio
Goma arábiga
Hiniesta
Hinojo
Hisopo
Iris
Laurel
Limón
Menta
Mimosa
Perejil
Piru
Rábano picante
Raíz de sangre
Romero
Tabaco
Tomillo
Valeriana
Verbena
Yuca

Robos, para evitar:
Ajo
Alamo
Alcaravea
Comino
Enebro
Vetiver

Sabiduría,
para aumentar la:
Bodhi
Girasol
Iris
Melocotón
Salvia

Salud, para
conservar la:
Alcanfor
Alcaravea
Anemone
Centinodia
Culantro
Enebro
Espuela de caballero
Fresno
Galanga
Geranio
Helecho
Hierba cana
Hierba de S. Juan
Madera de acedera
Mandrágora
Mejorana
Muérdago
Nardo
Nuez
Nuez moscada
Pimpinela
Roble
Ruda
Sasafrás
Sumbul
Tanaceto
Tomillo

Verbasco
Vida eterna

Serpientes,
para ahuyentar a las:
Enebro
Geranio
Hierba de asno
Llantén
Polígala
Saúco
Trébol

Serpientes,
para irritar a las:
Cardo lechal

Serpientes,
para llamar a las:
Cola de caballo

Sueños:
Agrimonia
Camomila
Datura
Espliego
Lechuga
Lúpulo
Menta
Pasionaria
Potentilla
Romero
Saúco
Tilo
Tomillo
Valeriana

Verbena
Verdolaga

Sueños proféticos,
para producir:
Artemisa
Bachú
Caléndula
Cebolla
Helecho
Heliotropo
Jazmín
Mimosa
Potentilla
Rosa

Suerte,
para tener:
Acebo
Adelfa amarilla
Algodón
Aloe
Amapola
Aristoloquia
Avellano
Badián Bambú
Banyan
Baya china
Bocado del diablo
Boniato
Brezo
Cálamo aromático
Campánula azul
Cinchona
Ericácea
Fresa
Granada

Granos del paraíso
Helecho
Helecho macho
Lágrimas de Job
Mano de la suerte
Musgo
Musgo de Irlanda
Naranja
Narciso trompón
Nuez moscada
Paja
Pimienta inglesa
Piña
Placaminero
Repollo
Roble
Rosa
Siempreviva mayor

Sumbul
Tilo
Verdolaga
Vetiver
Violeta

Valor,
para adquirir:
Actaea
Aguileña
Ambrosia
Borraja
Fitolaca
Guisante de color
Imperatoria
Milenrama
Té
Tomillo

Tonca
Verbasco
Wahoo

Vientos,
para levantar:
Azafrán
Hiniesta
Sargazo vejigoso

Visiones,
para inducir:
Angélica
Azafrán
Damiana
Fárfara
Kava-kava

GLOSARIO

Adivinación: El arte de averiguar cosas por otros medios que no sean los cinco sentidos, empleando útiles tales como las cartas del tarot, bolas de cristal, etc.

Amuleto: Objeto que se lleva consigo para guardarse de las fuerzas negativas o de otras vibraciones. Objeto protector.

Bano: (Inglés antiguo) Un veneno; el que destruye la vida. (Inglés "Henbane"). El Beleño es venenoso para las gallinas.

Beltane: Antigua festividad popular celebrada por las brujas en primavera. El 30 de abril o el 1 de mayo.

Botella de bruja: Botella o frasco que contiene hierbas, alfileres, fragmentos de cristal y otros objetos, diseñados para proteger a una persona o lugar del mal y de los encantamientos. Habitualmente se entierra o se coloca en una ventana.

Brujería: La práctica de la magia natural tal como la de las hierbas, las piedras y las velas. Lanzar hechizos. Algunas personas todavía emplean esta palabra para referirse a la religión wicca.

Círculo mágico: Círculo (o esfera) creado mediante ritual que ofrece protección al mago durante los ritos mágicos.

Clarividencia: Literalmente "ver con claridad". La capacidad para percibir hechos, acontecimientos y otros datos mediante otros sentidos que no sean los cinco "normales", sin ayudarse de herramientas.

Conjuro: Encantamiento maligno; maldición.

Desterrar: Ahuyentar un mal, fuerzas o espíritus negativos.

Güirnalda: Corona de flores u hojas que se lleva sobre la cabeza, como las entregadas a los héroes de la antigua Grecia por su valor y osadía.

Hechizo: Rito mágico.

Incensario: Vasija de metal o de barro donde se quema el incienso. Quemador de incienso.

Incubo: Demonio o espíritu masculino que se creía tentaba sexualmente a las mujeres y abusaba de ellas; el súcubo era el correspondiente demonio femenino.

Infusión: Té de hierbas.

La mano del poder: Es la mano con la que se escribe; la mano dominante. Es una mano poderosa desde el punto de vista mágico.

Luhgnasadh: Una vieja fiesta de la cosecha celebrada el 1 o el 2 de agosto en Europa, en que se veneran los abundantes frutos (cosechados) de la Tierra. Aún se celebra entre los wicca.

Magia: La práctica de producir cambios necesarios a través del uso de poderes que todavía no han sido definidos ni aceptados por la ciencia.

Mago: Persona de cualquier sexo que practica la magia.

Mal de ojo: Mirada supuestamente capaz de causar mucho daño o miedo. En la antigüedad era temido universalmente.

Maldición: Concentración de energía negativa y destructiva, formada y dirigida deliberadamente contra una persona, lugar o cosa.

Mitad del verano: El solsticio de verano, normalmente el 21 de junio o próximo a esta fecha; una de las festividades wicca y una fecha excelente para practicar la magia.

Muñeco: Pequeña muñeca hecha de distintos materiales para influir en la vida de una persona. En la magia de las hierbas, una raíz labrada o una tela en forma de imagen rellena de hierbas. El uso de muñecos se conoce como "magia de imágenes".

Péndulo: Util de adivinación que consiste en un objeto pesado suspendido de una cuerda o cordón. El extremo de la cuerda se sujeta entre el pulgar y el dedo índice; se hacen preguntas y se dividen las respuestas por los movimientos del péndulo.

Pentagrama: Estrella de cinco puntas que se ha venido empleando en magia durante siglos. Es de carácter altamente simbólico y además protector.

Proyección astral: Práctica que consiste en separar la consciencia del cuerpo físico para que la primera pueda desplazarse sin que se lo impida el tiempo, el espacio o la gravedad.

Recitar: "Cantar a". Desde el punto de vista mágico, un procedimiento por el cual las hierbas se adaptan a su necesidad mágica antes de ser empleadas.

Samhain: Antigua festividad que marca el inicio del invierno. También se conoce como "Halloween". Los wicca la celebran con ceremonias religiosas.

Sugestión: El arte de someter a otras personas por medio de sonidos, miradas, colores, etc.

Talisman: Objeto que se porta o se lleva puesto par atraer una influencia específica, tal como amor, suerte, dinero, riqueza; es lo opuesto al amuleto, que mantiene a las fuerzas alejadas de su portador.

Visualización especular: Mirar dentro de un recipiente de tinta, en el fuego, bola de cristal, etc., para despertar e invocar los poderes psíquicos.

Wicca: Religión contemporánea con raíces espirituales prehistóricas y que adora la fuerza vital del universo personificada como dios o diosa. A veces se hace alusión a ella equivocadamente como "brujería".

Apéndice

Los colores y sus usos mágicos

Blanco: Protección, paz, purificación, castidad, felicidad, silenciar las murmuraciones y espiritualidad.

Verde: Curación, dinero, prosperidad, suerte, fertilidad, belleza, empleo y juventud.

Marrón: Curación de animales y el hogar.

Rosa: Amor sentimental, fidelidad y amistades.

Rojo: Deseo sexual, fortaleza, valor, poder y potencia sexual.

Amarillo: Adivinación, poderes psíquicos, poderes mentales, sabiduría y visiones.

Púrpura: Poder, exorcismo y curación.

Azul: Curación, sueño y paz.

Naranja: Asuntos legales y éxito.

Propiedades mágicas de los aceites

Por razones de espacio resulta imposible tratar por completo los principales aceites y sus usos mágicos. No obstante, debido a su importancia en el herbalismo mágico, añadimos aquí la siguiente lista de necesidades mágicas y los aceites recomendados.

Aunque muchos aceites "básicos" sean sintéticos, es posible su uso en magia si a usted le satisface su aroma.

Amistades: Estefanote, guisante de color.

Amor: Clavo, gardenia, guisante de color, jazmín, lirio florentino, plumeria, rosa.

Armonía: Albahaca, gardenia, lila, narciso.

Curación: Clavel, eucalipto, gardenia, loto, mirra, narciso, romero, sándalo, violeta.

Deseo sexual: Almizcle, canela, clavo, vainilla.

Dinero: Almendra, hierbabuena, madreselva, menta cítrica, mirto, pachulí, pino, verbena.

Espiritualidad: Heliotropo, loto, magnolia, sándalo.

Felicidad: Flor de manzano, guisante de color, nardo.

Fertilidad: Almizcle, verbena.

Magnéticos para atraer a las mujeres: Algalia, almizcle, estefanote, laurel, pachulí, vetiver, violeta.

Magnéticos para atraer a los hombres: Almizcle, ámbar gris, espliego, gardenia, jazmín, jengibre, neroli, tonka.

Meditación: Acacia, jacinto, jazmín, magnolia, mirra, nuez moscada.

Paz: Benjuí, comino, gardenia, jacinto, magnolia, nardo, rosa.

Poder: Clavel, romero, vainilla.

Poderes mentales: Lila, madreselva, romero

Poderes psíquicos: Acacia, anís, casia, heliotropo, hierba de limón, lila, mimosa, nardo, nuez moscada, sándalo.

Protección: Ciprés, mirra, pachulí, geranio rosa, romero, ruda, violeta, vistaria.

Purificación: Acacia, acebuche, canela, clavo, espliego, incienso, jazmín, mirra, Sándalo.

Romper hechizos: Geranio rosa, menta cítrica, mirra, romero, ruda, vetiver.

Sueños: Espliego, narciso.

Suerte: Canela, ciprés, loto.

Valor: Almizcle, cedro, geranio rosa.

Vitalidad: Clavel, pimienta inglesa, romero, Vainilla.

BIBLIOGRAFÍA

Agrippa, Henry Cornelius: *The Philosophy of Natural Magic.* Antwerp, 1531. Secaucus (New Jersey): University Books, 1974.

Aima: *Ritual Book of Herbal Spells.* Los Angeles: Foibles, 1976.

Apuleius, Platonicus (or pseudo-Apuleius): *Herbarium.* Circa 400 C.E.

Bailey, Liberty Hyde: Hortus Third: *A Concise Dictionary of Plants Cultivated In the United States And Canada.* New York: Macmillan Publishing Co., 1976.

Baker, Margaret: *Folklore and Customs of Rural England.* Totowa (New Jersey): Rowman & Littlefield, 1974.

Baker, Margaret: *Gardener's Magic And Folklore.* New York: Universe Books, 1978.

Banis, Victor: *Charms, Spells and Curses for the Millions.* Los Angeles: Sherbourne Press, 1970.

Barret, Francis: *The Magus, or Celestial Intelligencer.* London: 1801. New Hyde Park (New York): University Books, 1967.

Beckwith, Martha: *Hawaiian Mythology.* Honolulu: University Press of Hawaii, 1979.

Benedict, Ruth: *Patterns of Culture* New York: Mentor Books, 1960.

Best, Michael and Frank H. Brightman (editors): *The Book of Secrets of Albertus Magnus of the Vertues of Herbs, Stones, and Certain Beasts, Also A Book of the Marvels of the World.* Oxford: Oxford University, 1973.

Beyerl, Paul: *The Holy Books of the Devas: An Herbal For the Aquarin Age.* Minneapolis; The Rowan Tree, 1980.

Blunt, Wilfred and Sandra Raphael: *The Illustrated Herbal.* New York: Thames and Hudson, 1979.

Boland, Bridget: *Gardener's Magic and Other Old Wives' Lore.* New York: Farrar, Straus & Giroux, 1976.

Boland, Margaret and Bridget Boland: *Old Wives' Lore For Gardeners.* New York: Farrar, Straus & Giroux, 1976.

Bolton, Brett L.: *The Secret Powers of Plants.* New York: Berkley, 1974.

Bowness, Charles: *The Witch's Gospel.* London: Robert Hale, 1979.

Briggs, Katherine: *The Fairies In Tradition and Literature.* London: Routledge & Kegan Paul, 1967.

Budge, E.A. Wallis: *Amulets and Talismans.* New Hyde Park: (New York): University Books, 1968.

Budge, E.A. Wallis: *Herb Doctors and Physicians in the Ancient World: The Adivine Origin of the Craft of the Herbalist.* Chicago; Ares Publishers, 1978.

Burland, C.A.: *The Magical Arts: A Short History.* New York: Horizon Press, 1966.

Burris, Eli Edward: *Taboo, Magic, Spirits: A Study in Primitive Elements in Roman Religion.* New York: Macmillan, 1931.

Busenbark, Earnest: *Symbols. Sex and the Stars in Popular Beliefs.* New York: Truth Seeker, 1949.

Castenada, Carlos: *The Teachings of Don Juan.* New York: Ballantine, 1973.

Chappell, Helen: *The Waxing Moon: A Gentle Guide to Magic.* New York: Links, 1974.

Coffin, Tristram P. and Henning Cohen (editors): *Folklore in America.* Garden City (New York): Anchor Books, 1970.

Coles, William: *The Art of Simpling.* London: 1656. St. Catherine's (Ontario): Provoker Press, 1968.

Conway, David: *Magic: An Occult Primer.* New York: Bantam Books, 1973.

Crow, W.B.: *The Occult Properties of Herbs.* New York: Weiser, 1974.

Crowley, Aleister: *777.* New York: Weiser, 1973.

Culpeper, Nicholas: *The English Physician.* London: 1652. London: Foulsham, N.D.

Cunningham, Lady Sara: *The Magical Virtues of Candles, Herbs. Incinse and Perfume.* Glendale (California): Aleph Books, 1979.

Dana, Mrs. Willian Starr: *How to Know the Wild Flowers.* New York; 1893. New York: Dover, 1963.

Davis, Hubert J. (editor): *The Silver Bullet and Other American Withc Stories.* Middle Village (New York): Jonathan David Publishers, 1975.

De Clairemont, Lewis: *Legends of Incense, Herb & Oil Magic.* Dallas: Dorene Publishing, 1966.

De Lys, Claudia: *A Treasury of American Superstitutions.* New York: Philosophical Library, 1948.

Densmore, Frances: *How Indians Use Wild Plants for Food, Medicine and Crafts.* Washington, 1928. New York: Dover, 1974.

Derlon, Pierre: *Secrets of the Gypsies.* New York: Ballantine, 1977.

Devine, M.V.: *Brujeria: A Study of Mexican-American Folk-Magic.* St.Paul: Llewellyn Publications, 1982.

Emboden, William: *Bizarre Plants: Magical, Monstrous. Mythical.* New York: Macmillan, 1974.

Emrich, Duncan: *The Folklore of Love and Courtship.* New York: American Heritage press, 1970.

Faulks, P.J.: *An Introduction of Enthnobotany.* London: Moredale Publications Ltd., 1958.

Fettner, Ann Tucker: *Potpourri, Inciense and Other Fragrant Concoctions.* New York: Workman Publishing, 1977.

Fielding, William J.: *Stange Superstitions and Magical Practies.* New York: Paperback Library. 1968.

Fisher, M. H. K.: *A Cordiall Water.* Boston: Little, Brown & Company, 1961.

Fortune, R. F.: *Sorcerers of Dobu.* New York: Dutton, 1963.

Fox, Helen Morgenthau: *Gardening With Herbs for Flavor and Fragance.* New York: Macmillan, 1934.

Fraser, James: *The Golden Bough.* New York: Macmillan, 1958.

Friend, Hilderic: *Flower Lore.* London, 1884. Rocktop (Maine): Para Research, 1981.

Gamache, Henri: *The Magic of Herbs.* Higland Falls (New York): Sheldon Publications, 1942.

Gerard, John: *The Herball, or Generall Historie of Plants.* London, 1597. New York: Dover, 1975.

Gilmore, Melvin R.: *Uses of Plants by the Indians of the Missouri River Region.* Lincoln (Nebraska)); University of Nebraska Press. 1977.

Goodyer, John (translator): *The Greek Herbal of Dioscorides.* 1655. New York: Hafner, 1968.

Gordon, Leslie: *A Country Herbal.* New York: Mayflower, 1980.

Gordon, Leslie: *Green Magic.* New York: Viking Press, 1977.

Grammary, Ann: *The Witches' Workbook.* New York: Pocket Books, 1973.

Graves, Robert: *The White Goddess.* New York: Farrar, Straus and Giroux, 1976.

Gregor, Arthur S.: *Amulets, Talismans and Fetishes.* New York: Scribner's, 1975.

Grieve, M.: *A Modern Herbal.* New York: 1931. New York: Dover, 1971

Griffith, F.L. and Herbert Thompson: *The Leyden Papyrus,* London: 1904. New York: Dover, 1974.

Grigson, Geoffrey: *A Herbal of All Sorts.* New York: Macmillan, 1959.

Gutmanis, June: *Kahuna La'au Lapa'au.* Honolulu: Island Heritage Limited, 1979.

Haining, Peter: *The Warlock's Book: Secrets of Black Magic From the Ancient Grimoires*. Secaucus (New Jersey): Citadel, 1973.

Hansen, Harold: *The Witch's Garden*. Santa Cruz: Unity Press, 1978.

Harner, Muchael J. (editor): *Hallucinogens and Shamanism*. Oxford: Osford University Press, 1973

Haskins, Jim: Voodoo & Hoodoo: *Their Tradition and Craft As Revealed By Actual Practitioners*. New York: Stein & Day, 1978.

Hayes, Carolyn H.: *Pergemin: Perfumes, Incenses, Colors, Birsthstones, Their Occult Properties and Uses*. Chicago: Aries Press, 1937.

Healey, B.J.: *A Gardener's Guide to Plant Names*. New York: Charles Scribner's Sons, 1972.

Heffern, Richard: *The Herb Buyer's Guide*. New York: Pyramid 1973.

Helfman, Elizabeth S.: *Maypoles and Wood Demons: the Meaning of Trees*. New York: Seabury Press, 1972.

Hohman, John George: *Pow-Wows, Or the Long Lost Friend*. Dallas: Dorene Publishing, N.D.

Hole, Christina: *Witchcarft in England*. London: Batsford Ltd., 1940.

Hoyt, Charles Alva: *Witchcraft*. Carbondale (Illinois): Southern Illinois University Press, 1981.

Huson, Paul: *Mastering Herbalism*. New York: Stein & Day, 1974.

Huson, Paul: *Mastering Witchcraft*. New York: Berkley, 1971.

Jacob, Dorothy: *A Witch's Guide to Gardening*. New York: Taplinger, 1965.

Jacob, Dorothy: *Cures and Curses*. New York: Taplinger, 1967.

Jones, T. Gwynn: *Welsh Folklore and Folk-Custom*. Cambridge: D.S. Brewer, 1979.

Kamm, Minnie Watson: *Old-Time Herbs for Northern Gardens*. Boston: Little, Brown & Co., 1938.

Kenyon, Theda: *Witches Still Live*. New York: Washburn, 1939.

Kitrredge, George Lyman: *Witchcraft in Old and New England*. New York: Russel & Russel, 1956.

Kluckhorn, Clyde: *Navajo Witchcraft*. Boston: Beacon Press, 1970.

Krutch, Joseph Wood: *Herbal*. Boston: David R. Godine, 1965.

Krythe, Maymie: *All About the Months*. New York: Harper and Row, 1966.

Lathrop, Norma Jean: *Herbs: How To Select. Grow and Enjoy*. Tucson, HP Books, 1981.

Lea, H.C.: *Materials Toward A History of Witchcraft*. New York: Thomas Yoseloff, 1957.

Leach, Maria (editor): *Funk & Wagnall's Standard Dictionary of Folklore, Mythology and Legend*. New York: Funk & Wagnall's, 1972.

Leek, Sybil: *Cast Your Own Spell*. New York: Pinnacle, 1970.

Leek, Sybil: *Herbs: Medicine and Mysticism.* Chicago: Henry Regnery Co., 1975.

Leek, Sybil: *Sybil Leek's Book of Herbs.* New York: Thomas Nelson, 1973.

Leland, Charles Godfrey: *Etruscan Magic and Occult Remedies.* New Hyde Park (New York): University Books, 1963.

Leland, Charles Godfrey: *Gypsy Sorcery and Fortune-Telling.* New York: Dover, 1971.

Leyel, C.F.: *Herbal Delights.* Boston: Houghton Mifflin Co., 1938.

Leyel, C.F.: *The Magic of Herbs.* New York: 1927. Toronto (Canada): Coles Publishing, 1981.

Lust, John: *The Herb Book.* New York: Bantam, 1974.

Mabey, Ricahrd: *Plantcraft: A Guide to the Everyday Use of Wild Plants.* New York: Universe Books, 1977.

Maple, Eric: *The Dark World of Witches.* New York: Pegasus, 1970.

Maple, Eric: *The Magic of Perfume.* New York: Weiser, 1973.

Maple, Eric: *Superstition and the Superstitious.* Hollywood: Wilshire, 1973.

Marwick, Max (editor): *Witchcraft and Sorcery.* Middlesex: Penguin Books, 1970.

Masse, Hneri: *Persian Beliefs and Customs.* New Haven (Connecticut): Human Relations Area Files, 1954.

Mathers, Samuel (translator, editor): *The Key of Solomon.* New York: Weiser, 1972.

Meyer, Clarence: *50 years of the Herbalist Almanac.* Glenwood (Illinois): Meyerbooks, 1977.

Meyer, Clarence: *The Herbalist,* 1960.

Mickaharic, Draja: *Spiritual Cleansing: A Handbook of Psychic Protection.* York Beach (Maine): Weiser, 1982.

Murphy, Edith Van Allen: *Indian Uses of Native Plants.* Fort Bragg (California): Mendocino County Historical Society, 1950.

Paulsen, Kathryn: *The Complete Book of Magic and Witchcraft.* New York: Signet, 1980.

Paulsen, Kathryn: *Witches' Potions and Spells.* Mount Vernon (New York): Peter Pauper Press, 1971.

Pelton, Robert W.: *The Complete Book of Voodoo.* New York: Berkley Medallion, 1973.

Pepper, Elizabeth and John Wilcox: *Witches All.* New York: Grosset & Dunlap, 1977.

Petulengro, 'Gipsy': *A Romany Life.* London: Metheun & Co., Ltd., 1935.

Pliny the Elder (Caius Plinius Secundus): *Natural History.* Cambridge: Harvard University Press, 1956.

Porta, John Baptista: *Natural Magic*. Naples, 1558. London, 1658. New York: Basic Books, 1957.

Porteous, Alexander: *Forest Folklore, Mythology and Romance*. London: George Allen & Unwin, 1928.

Radford, E. and M.A. Radford. *Encyclopedia of Superstitions*. Revised and edited by Christina Hole. London: Hutchinson, 1961.

Randolph, Vance: *Ozark Superstitions*. New York: Cambridge University Press, 1947.

Riva, Anna: *The Modern Herbal Spellbook*. Toluca Lake (California): International Imports, 1974.

Rose, Jeanne: *Herbs and Things. Jeanne Rose's Herbal*. New York: Grosset & Dunlap, 1972.

Rose, Jeanne: *Jeanne Rose's Herbal Guide to Inner Health*. New York: Grosset & Dunlap, 1979.

Rosengarten, Frederick: *The Book of Spices*. New York: Pyramid, 1975.

Saxon, Lyle (editor): *Gumbo Ya-Ya*. Boston: Houghton Mifflin Co., 1945. Louisiana voodoo herb magic.

Schmidt, Philip: *Superstition and Magic*. Westmininster (Maryland): The Newman Press, 1963.

Schultes, Richard Evans: *Hallucinogenic Plants*. Racine (Wisconsin); Estern Publishing Co., 1976.

Scot, Reginald: *The Discoverie of Witchcraft*. London: 1584. New York: Dover, 1972.

Shah, Sayed Idries: *Oriental Magic*. New York: Philosophical Library, 1957.

Shah, Sayed Idries: *The Secret Lore of Magic*. New York: Citadel, 1970.

Shah, Sirdar Ikbal Ali: *Occultism: Its Theory and Practice*. New York: Castle Books, N.D.

Sharon, Douglas: *Wizard of the Four Winds: A Shaman's Story*. New York: The Free Press, 1978.

Shosteck, Robert: *Flowers and Plants: An International Lexicon*. New York: Quadrangle/The New York Times Book Co., 1974.

Simmons, Adelma Greiner: *Herb Gardening in Five Seasons*. Princeton: D. Van Nostrand Co., 1964.

Singer, Charles: *From Magic to Science*. New York: Dover, 1958.

Slater, Herman (editor): *The Magical Formulary*. New York: Magickal Childe, 1981.

Spence: *The History and Origins of Druidism*. New York: Weiser, 1971.

Spence: *The Mysteries of Britain*. London: Aquiaran press, 1970.

Thistleton-Dyer, T.F.: *The Folklore of Plants*. Detroit: Singing Tree Press, 1968.

Thompson, C.J.S.: *The Mysteries and Secrets of Magic*. London: 1927. New York: Olympia press, 1972.

Thompson, C.J.S.: *The Mystery and Lure of Perfume*. Philadelphia: J.B. Lippincott & Co., 1927.

Thompson, C.J.S.: *The Mystic Mandrake*. New Hyde Park (New York): University Books, 1968.

Thompson, Dorothy Burr and Ralph Griswold: *Garden Lore of Ancient Athens*. Princeton (New Jersey): American School of Classical Studies at Athens, 1963.

Thorwald, Jurgen: *Science and Secrets of Early Medicine*. New York: Harcourt, Brace & World, 1963.

Tindall, Gillian: *A Handbook on Witches*. London: Arthur Baker, 1965.

Thompkins, Peter and Christopher Bird: *The Secret Life of Plants*. New York: Avon Books, 1974.

Tondriau, Julien: *The Occult: Secrets of the Hidden World*.

Trueman, John: *The Romantic Story of Scent*. New York: Doubleday, 1975.

Trigg, Elwood: *Gypsy Demons and Divinities*. Secaucus (New Jersey): Citadel, 1973.

Valiente, Doreen: *Natural Magic*. New York: St. Martin's Press, 1975.

Valiente, Doreen: *Where Witchcraft Lives*. London: Aquarian Press, 1962.

Verril, A. Hyatt: *Perfumes and Spices*. New York: L.C. Page, 1940.

Vinvi, Leo: *Incense: Its Ritual Significance, Use and Preparation*. New York: Weiser, 1980.

Waring, Phillipa: *A Dictionary of Omens and Superstitions*. New York: Ballantine, 1979.

Weslager, C.A.: *Magic Medicines of the Indians*. New York: Signet, 1974.

Wheelwright, Edith Grey: *Medicinal Plants and Their History*. New York: Dover, 1974.

Whitman, John: *The Psychic Power of Plants*. London: Star Books, 1974.

ADVERTENCIA

En el siguiente listado de hierbas, se incluyen todos los nombres científicos en Latín que hacen parte del Indice de ésta obra. Si no hay referencia o comentario adjuntos, significa que no hay información sobre las cualidades tóxicas o venenosas de la planta. En algunos casos la planta es comestible parcial o totalmente, pero al no tener información al respecto, se recomienda una investigación a fondo antes de intentar consumir o utilizar dichas plantas.

Acacia arabica: VENENO

Acacia dealbata

Acacia senegal

Acacia vera

Achillea millefolium: No tomar durante el embarazo.

Aconitum napellus: VENENO

Acorus calamus: VENENO

Adiutum pedatim

Aesculus spp.: Muchas plantas de este tipo son venenosas. Revise los herbarios para obtener información precisa sobre las especies que está utilizando.

Aframonum melequeta

Agaric spp.: Generalmente se considera tóxico y muchas especies son letales.

Agathosma betulina: No tomar durante el embarazo.

Agropyron repens

Alchemilla vulgaris

Aletris farinosa: La raíz fresca puede causar mareo, vómito, dolores intestinales y purgación. Utilice solamente la raíz seca.

Allium cepa

Allium sativum

Alpina galanga

Alpina officinalis

Althaea officinalis

Amanita muscaria: Considerada generalmente peligrosa, potencialmente letal.

Amaranthus hypochondriacus

Anacardium occidentale.

Ananas comusus

Anemone hepatica: Puede ser moderadamente tóxica.

Anemone pulsatilla: VENENO. Puede causar malestar estomacal, nerviosismo, depresión y muerte.

Anethum graveolens

Angelica archangelica: No utilizar durante el embarazo o por personas que estén tomando agentes adelgazantes sanguíneos. Evite la prolongada exposición a la luz del sol. Contiene carcinógenos.

Anthemis nobillis: No utilizar durante el embarazo.

Antirrhinum majus

Apium gravelolens

Apocynum androsaemifolium: Consulte a su médico antes de usarla.

Aquilaria agallocha

Aquilegia canadensis

Arbutus unede

Arctium lappa

Arctostaphylos uva-ursi: VENENO. No utilizar durante el embarazo.

Aristolochia serpentaria: Utilícelo cuidadosamente y solamente en pequeñas cantidades. Contiene un alcaloide que, cuando se usa puro, puede paralizar el sistema respiratorio.

Artemisia abronatum

Artemisia absinthium: Se debe evitar el uso excesivo o prolongado. No tomar durante el embarazo. Utilizar con precaución.

Artemisia dracunculus

Artemisia vulgaris: No tomar durante el embarazo.

Asperula odorata: No se recomienda para personas que estén tomando agentes adelgazantes sanguíneos.

Atropa belladonna: VENENO

Aucaria excelsa: La semilla es comestible.

Avena sativa

Bambusa vulgaris

Barosma betulina: No tomar durante el embarazo.

Bellis perenis

Berberis aquifolium: No tomar durante el embarazo.

Bertholletia excellsa

Beta vulgaris

Betula alba

Borago officinalis: No utilizar durante períodos prolongados. No utilizar durante el embarazo o durante la lactancia.

Brassica oleracea o capitata

Brassica rapa

Bursera hindsiana: No comestible.

Calendula officinalis

Callistephus chinensis

Camellia japonica
Campanula rotundifolia
Capparis spinosa
Carduus marianus
Carica papaya
Carya illinoensis
Caryophyllus aromaticus
Cascara sagrada: No utilizar si se tiene o se origina defecación blanda, dolor abdominal o diarrea. Consulte un médico si está en embarazo o lactancia o si está en tratamiento médico o tomando medicamentos.
Cassia acutifolia
Cassia marilandica
Cedrus libani
Celastrus scandens: VENENO.
Centaurea benedicta: No tomar durante el embarazo.
Centaurea cyanus: No tomar durante el embarazo.
Chelidonium majus: Utilizar con precaución. El jugo es venenoso.
Chimaphila umbellate
Chondrus crispus
Chrysanthemum leucanthemum
Chrysanthemum parthenium
Cichorium endiva
Cichorium intybus: La raíz no es nociva.
Cimifuga racemosa: No tomar durante el embarazo o la lactancia.
Cinchona ledgeriana: No tomar durante el embarazo. Si sufre de hipertensión, consulte un médico antes de tomarla.
Cinchona succiruba: VENENO.
Cinnamomum camphora: Para uso externo únicamente.
Citrus aurantifolia
Citrus limetta
Citrus limon
Citrus medica
Citrus sinesis
Cochlearia armoracia
Cocos nucifera
Coix lachryma
Commiphora myrrha: No tomar durante el embarazo.
Commiphora opobalsamum: Puede irritar la piel.
Conium maculatum: VENENO
Convallaria magalis: VENENO
Cordyline terminalis
Coraindrum sativum
Coumarouna odorata: VENENO
Crataegus oxacantha
Crocus augustifolia: Utilizar con precaución
Crocus vernus: VENENO
Crocus sativus
Coumarouna odorata: VENENO
Crypanthus
Cucumis sativus
Cumimum cyminum
Cupressus sempervirens: El aceite debe ser utilizado externamente y se debe evitar durante el embarazo.
Cuscuta europaea
Cuscuta glomurata

Cymbopogon citratus: No tomar durante el embarazo.

Cynoglossum officinale: Sutilmente VENENOSO. Puede causar dermatitis.

Cyperus papyrus

Cypripendium pubescens

Cytisus scoparius: No debe ser tomado por personas con presión sanguínea alta. No debe ser tomado por personas que toman inhibidores de la MAO.

Daemonorops draco

Dancus carota: No es nociva (raíz solamente).

Dianthus carophyllus: Tóxico

Dicentra cucullaria: Ha causado dermatitis por contacto. Tóxico para los animales.

Dicentra spectabilis: Ha causado dermatitis por contacto.

Dictamus origanoides

Digitalis purpurea: VENENO.

Dionaea muscipula

Diospyros ebenum

Dipteryx odorata: VENENO.

Drimys winteri

Dryopteris felix-mas

Echinacea augustifolia

Elettario cardamomum

Eriodictyon glutinosum

Erythronium americanum

Euonymus atropurpuraea: VENENO.

Euphrasia officinalis

Eupatorium perfoliatum

Euphorbia spp.: VENENO.

Fagus sylvatica

Ferula foetida

Ferula sumbul

Ficus benghalensis

Ficus benjamina

Ficus carica

Foeniculum vulgare

Fragaria vesca

Frasera speciosa: VENENO

Fraxinus americans

Fraxinus excelsior

Fucus visiculosus: No tomar durante el embarazo o la lactancia. No debe ser tomada por personas con hipertiroidismo.

Fumaria officinalis

Galega officinalis: Utilizar con precaución. Ha causado la muerte a ovejas.

Gaultheria procumbens

Gentiana lutea: No debe ser utilizada por personas con úlceras o cuando se presenta irritación o inflamación estomacal.

Geum urbanum

Glycyrrhiza glabra: Su uso prolongado puede causar hipertensión, edema, dolor de cabeza, vértigo y deficiencia de potasio. No debe ser utilizado por personas con hipertensión, edema, cirrosis de hígado y desórdenes hepáticos y diabetes. No tomar durante el embarazo. No se debe utilizar prolongadamente, excepto bajo supervisión médica calificada.

Gnaphalium uliginosum

Gossypium barbadense: No tomar durante el embarazo.

Hamamelis virginica

Helianthus annuus: Sus flores y semillas no son nocivas.

Heliotropium arborescens: VENE-NO.

Heliotropium europaeum: VENE-NO.

Helleborus niger: VENENO.

Hierochloe odorata

Hoya carnosa

Hyacinthus orientatis: Los bulbos son tóxicos.

Hydrangea arborescens: Tóxico

Hydrastis canadensis: Usar con precaución. Evite el uso excesivo o prolongado. No utilizar durante el embarazo.

Hydrocotyl asiatica

Hyosycamus niger: VENENO.

Hypericum perforatum: Puede causar un aumento en la sensibilidad a la luz del sol.

Ilex aquifolium: Sus bayas son VENENOSAS.

Ilex opaca

Ilex paraguariensis

Illicum verum: Precaución. En grandes cantidades, el aceite puede ser tóxico.

Imperatoria ostruthium

Inula conyza

Inula dysenterica

Inula helenium: No tomar durante el embarazo o la lactancia.

Ipomoea jalapa: VENENO.

Ipomoea purga: VENENO.

Ipomoea tuberose

Iris florentina

Iris versicolor: VENENO.

Jacaranda procera

Jasminum odoratissimum: La flor es inofensiva.

Jasminum officinale: La flor es inofensiva.

Juglans regia: La cáscara es VENENOSA.

Juglans regia communis: No se deben usar sus bayas durante más de seis semanas consecutivas. Esta hierba no debe ser utilizada por las personas con enfermedades inflamatorias del riñón. No utilizar durante el embarazo.

Lactuca sativum

Larix europaea

Lathyrus odoratus

Laurus nobilis

Lavendula officinale

Lavendula vera

Lawsonia inermis: Para uso externo únicamente.

Leontopodium alpinum

Liatris odoratissima: Para uso externo únicamente.

Linaria vulgaris: Puede causar problemas graves cuando se ingiere.

Lippia citriodora

Lobelia inflata: Puede causar náuseas y vómito si se ingiere. No utilizar durante el embarazo.

Lomatium foeniculaceum

Lonicera caprifolium

Lycopodium clavatum

Lythrum salicaria

Magnolia grandifolia: Tóxico.

Mandragora officinale: VENENO.

Marrubium vulgare: No utilizar durante el embarazo.

Medicago sativa: No se recomienda para personas que están tomando agentes adelgazantes sanguíneos.

Melia azederach: VENENO.

Melissa officinalis

Mentha piperita

Mentha pulegium: No utilizar durante el embarazo.

Mentha spicata

Morus rubra: No se recomienda para personas que están tomando agentes adelgazantes sanguíneos.

Musa sapientum

Murraya Koenigii

Myristica fragrans: Precaución. Las grandes cantidades de nuez moscada o de maza pueden causar mareo, dolores estomacales, aceleración del pulso, náuseas, ansiedad, dolor hepático, doble visión y coma.

Myrtus communis

Nepeta cataria: No utilizar durante el embarazo.

Nepeta glechoma

Nerium oleander: VENENO.

Nymphaea lotus

Ocimum basilicum

Oenothera biennis

Olea europaea

Orchis morior

Origanum majorana

Origanum vulgare

Oryza sativa

Oxalis acetosella

Paeonia officinalis: No tomar durante el embarazo.

Panax quinquefolius

Passiflora incarnate

Pausinystalia yohimbe: VENENO.

Peltigera canina

Petroselinum sativum: No se debe utilizar la raíz durante el embarazo o por personas con enfermedades inflamatorias del riñón.

Phoenix dactylifera

Phoradendrpn flavascens: VENENO.

Phytolacca pecandra: VENENO.

Picraena excelsa

Pimenta dioica

Pimenta officinalis

Pimpinella anisum

Piper cubeba

Piper methysticum

Piper nigrum

Pistachia lentiscus: El aceite de la semilla es comestible.

Pistachia vera

Pisum sativum

Plumeria acutifolia: VENENO.

Podophyllum peltaltum: VENENO.

Pogostemon cablin

Pogostemon patchouli

Polygala senega: Utilizar con precaución. Grandes dosis causan vómito y diarrea.

Polygonatum multiflorum

Polygonatum officinale

Polygonum aviculare

Polygonum bistorta

Populus tremuloides

Portulaca sativa

Potentilla canadensis

Potentilla tormentilla

Primula veris: Utilizar solamente seca o cocinada.

Primula vulgaris: Las personas alérgicas a la Primula vulgaris no deben utilizarla en ninguna forma.

Prosopis dulcis

Prosopis julifora

Prunus armeniaca: La semilla, la hoja y la corteza son VENENOSAS.

Prunus avium: La semilla, la hoja y la corteza son VENENOSAS.

Prunus domesticus: La semilla, la hoja y la corteza son VENENOSAS.

Prunus dulcis

Prunus persica: La semilla es VENENOSA.

Prunus spinosa: Las bayas son VENENOSAS.

Pteridium aquilinum: VENENO.

Punica granatum

Pyrus communis

Quercus alba: Evite la aplicación sobre la piel extensamente afectada.

Raphnus sativus

Rhamnus purshiana

Rhodymenia palmata

Ricinus communis: VENENO.

Rosemarinus officinalis

Rubus idaeus

Rubus villosus

Ruta graveolens: No tomar durante el embarazo. No deben consumirla las personas que están tomando agentes adelgazantes sanguíneos.

Saccharum officinarum

Saintpaulia ionantha

Salix alba

Sanguinaria canadensis: No tomar durante el embarazo.

Sanicula marilandica

Santalum album: No debe ser utilizada por personas con enfermedades de la parénquima del riñón.

Sassufras albidum: Utilizar con precaución la hoja y la raíz. Evite el uso excesivo o prolongado.

Satureja hortensis: La hoja no es nociva.

Scabiosa succisa

Schinus molls

Scrophularia nodosa

Scutellaria galericulata

Sempervivum tectorum

Sesamum orientate

Silphium laciniatum

Smilax aspera: No se recomienda la Smilax medica officinalis (Zarzaparrilla India) para personas que estén tomando agentes adelgazantes sanguíneos (indios).

Solanum dulcamara: VENENO.

Solanum tuberosum

Sorbus acuparia

Spiraea filipendula

Stellaria media

Stillingia sylvatica: No tomar durante el embarazo.

Styrax benzoin

Symphytum officinale: Para uso externo únicamente. Esta hierba no debe ser utilizada sobre piel herida y no debe utilizarse en piel sana durante períodos prolongados. No utilizar durante el embarazo.

Symplocarpus foetidus: Acre.

Syringa vulgaris

Syzygium aromaticum

Tamarindus indica

Tanacetum vulgare: No utilizar durante el embarazo.

Taraxacum officinalis

Taxus baccata: VENENO.

Thalictrum dasycarpum: VENENO.

Thevetia nereifolia: VENENO.

Thymus vulgaris

Tilia europaea: Las flores no son nocivas.

Tradescantia virginia

Trigonella fbenum-graecum: La semilla no es nociva.

Turnera aphrodisiacal

Turnera diffusa

Tussilago farfara: Utilizar con precaución. Evite el uso excesivo o prolongado. No utilizar durante el embarazo o la lactancia.

Ulex europaeus

Ulmus campestris

Ulmus fulva

Urginea scilla: La sobredosis puede causar la muerte.

Urtica dioica

Uva ursa

Valeriana officinalis

Vanilla planifolia

Verbena officinalis: Utilizar con precaución.

Verbascum thapsus

Vetiveria zizanioides: No utilizar durante el embarazo.

Viburnum alnifolium

Vinca minor: No debe ser utilizada por personas con baja presión sanguínea o hipotensión.

Viola odorata: La hoja y la flor son comestibles.

Viola tricolor

Viscum album: VENENO.

Vitis vinifera

Zanthoxylum americanum

Zingiber officinalis: No tomar durante el embarazo. Las personas con cálculos biliares deben consultar a un médico antes de usarla.

ÍNDICE DE HIERBAS

LLEWELLYN ESPAÑOL

lecturas para la mente y el espíritu...

¡ATENCIÓN!

Llewellyn Español desea contactar escritores
y editores de temas metafísicos o similares.
Para más información escriba a la
siguiente dirección:

2143 Wooddale Drive
Woodbury, MN 55125-2989, U.S.A
1-800-843-6666
www.llewellynespanol.com

LLEWELLYN ESPAÑOL

Richard Webster

QUIROMANCIA PARA PRINCIPIANTES

Realice fascinates lecturas de la mano a
cualquier momento, y en cualquier lugar.
Conviértase en el centro de atención con sólo
mencionar sus habilidades como adivinador.
Una guía que cubre desde las técnicas básicas,
hasta los más recientes estudios en
el campo quiromántico.

5³⁄₁₆" x 8" • 240 págs.

0-7387-0396-6

Thea Sabin
WICCA, FILOSOFÍA Y PRÁCTICA DE LA MAGIA LUMINOSA

Este Libro provee una fundación sólida para la Wicca sin limitar al lector a una tradición o camino trazado. Abarcando tanto el lado espiritual como el práctico, esta guía para la hechicería es un texto elemental de las filosofías, culturas y creencias detrás de la religión sin perder el misterio que atrae a muchos estudiantes a su aprendizaje. Detallando prácticas como el dispersar la energía del cuerpo, levantamiento de energía, visualización y meditación, este libro ofrece ejercicios de técnicas esenciales antes de conducirlo a rituales más complicados y hechizos.

5³⁄₁₆" x 8" • 288 pgs.

978-0-7387-0996-3

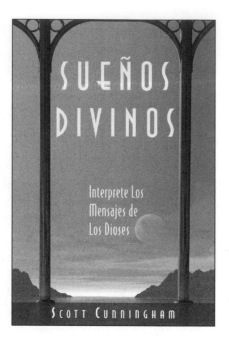

Scott Cunningham

SUEÑOS DIVINOS: INTERPRETE LOS MENSAJES DE LOS DIOSES

Entre las sombras y los sueños…somos fácilmente contactados por seres divinos, nuestras deidades personales quienes nos guían hacia niveles más altos de conciencia, ofreciéndonos consuelo, orientación y una visión acerca del futuro.

Sueños Divinos es una guía hacia una excepcional práctica espiritual sobre los sueños sagrados.

5³⁄₁₆" x 8" • 264 pgs.
978-1-56718-154-8

Migene González-Wippler

LEYENDAS DE LA SANTERÍA

PATAKI

Adquiera mayor entendimiento sobre los
origenes de la Santería. La antropóloga cultural
Migene González-Wippler, recopila cincuenta
auténticos Patakis (leyendas) en donde
los Orishas (deidades de la santería)
representan todos los arquetipos que
simbolizan la condición humana y describen
la creación de la tierra y de la humanidad.

5³⁄₁₆" x 8" • 288 Págs.

1-56718-294-1

Elaine Mercado

APARICIONES
UNA HISTORIA VERDADERA

Este libro narra los eventos paranormales
sucedidos en una casa de Brooklyn,
Nueva York en 1982. Escrito por uno de
los miembros de la familia quien
experimentó el fenómeno por trece años.

6" x 9" • 216 Págs.

0-7387-0214-5

Scott Cunningham y David Harrington

LA CASA MÁGICA:
FORTALEZCA SU HOGAR CON AMOR, SALUD Y FELICIDAD

Aprenda cómo crear un hogar mágico entendiendo los ritmos y las energías de la naturaleza. En esta obra encontrará hechizos simples que lo ayudarán en el cuidado de sus hijos, sus animales domésticos, mejorar su suerte y en general, crear una atmósfera agradable y pacífica a su alrededor.

5³⁄₁₆" x 8" • 208 pgs.

978-1-56718-931-5

LLEWELLYN ESPAÑOL

Stephanie Clement, Ph.D.

MEDITACIÓN PARA PRINCIPIANTES

Por medio de simples ejercicios, aprenda a
meditar paso a paso para lograr los beneficios
de esta práctica espiritual.
Mejore su concentración, relájese en minutos
y aumente su rendimiento físico

5³⁄₁₆" x 8" • 264 págs.

0-7387-0266-8

Scott Cunningham

HERBALISMO
MÁGICO

Encuentre una fuente mágica en su jardín.

Este es un libro sobre mágia tan antigua como el conocimiento sobre las plantas. Aprenda a preparar amuletos y encantamientos, bolsas con hierbas mágicas, inciensos y aceites aromáticos, infusiones y ungüentos.

Las hierbas son fáciles de conseguir en las tiendas, el campo o en su propio jardín. Sus aplicaciones son infinitas: para ayudar a la visión psíquica, obtener protección, despertar la pasión y para mantener la salud y la felicidad.

5³⁄₁₆" x 8" • 288 pgs.

978-0-7387-0296-4

MANTÉNGASE EN CONTACTO...

Visítenos a través de Internet, o en su librería local,
donde encontrará más publicaciones sobre temas relacionados.

www.llewellynespanol.com

CORREO Y ENVÍO

- $5 por órdenes menores a $20.00
- $6 por órdenes mayores a $20.01
- No se cobra por órdenes mayores a $100.00
- En U.S.A. los envíos son a través de UPS. No se hacen envíos a Oficinas Postales. **Órdenes a Alaska, Hawai, Canadá, México y Puerto Rico se envían en 1ª clase. Órdenes Internacionales:** *Envío aéreo*, agregue el precio igual de c/libro al total del valor ordenado más $5.00 por cada artículo diferente a libros (audiotapes, etc.). *Envío terrestre*, agregue $1.00 por artículo.

ÓRDENES POR TELÉFONO

- Mencione este número al hacer su pedido: **1-56718-498-7**
- Llame gratis en los Estados Unidos y Canadá al teléfono:**1-877-LA-MAGIA**.
- Aceptamos tarjetas de crédito: VISA, MasterCard y American Express.

OFERTAS ESPECIALES

- 20% de descuento para grupos de estudio. Deberá ordenar por lo menos cinco copias del mismo libro para obtener el descuento.

4-6 semanas para la entrega de cualquier artículo. Tarifas de correo pueden cambiar.

CATÁLOGO GRATIS

Ordene una copia de Llewellyn Español. Allí encontrará información detallada de todos los libros en español en circulación y por publicarse. Se la enviaremos a vuelta de correo.

LLEWELLYN ESPAÑOL

2143 Wooddale Drive
Woodbury, MN 55125-2989 USA
1-877-526-2442